DR. OETKER

PIZZA

DR. OETKER

PIZZA

CERES

Apfelpizza

Preiswert

	Für den Teig
175 g Weizenmehl	in eine Rührschüssel sieben, mit
2 gestr. TL Trocken-Backhefe	vermischen
1 Prise Zucker	
1/4 TL Salz	daraufstreuen
125 ml (1/8 l) lauwarmes Wasser	
2 EL Speiseöl	hinzugießen, mit dem Handrührgerät mit Knethaken zu einem Teig verarbeiten den Teig an einem warmen Ort so lange gehen lassen, bis er sich sichtbar vergrößert hat den Teig auf einer Arbeitsfläche nochmals gut durchkneten.
	Für den Belag
1 Dose (800 g) Tomaten	auf ein Sieb geben, Tomaten in Stücke schneiden, die Tomatenstückchen in
2 EL Speiseöl	dünsten, etwas einkochen lassen
1/4 TL gerebelten Thymian	
1/4 TL gerebelten Oregano	hinzugeben
1 Knoblauchzehe	abziehen, durch die Knoblauchpresse drücken, zu den Tomatenstückchen geben, umrühren den Teig nochmals durchkneten, kreisförmig (Durchmesser 28 cm) auf ein gefettetes Backblech ausrollen die Tomatenmasse darauf streichen
250 g gekochten Schinken	in Streifen schneiden, auf den Teig verteilen
4 mittelgroße Äpfel	schälen, das Kerngehäuse ausstechen, die Äpfel in Scheiben schneiden
2 Tomaten	abspülen, Stengelansatz herausschneiden, die Tomaten in Scheiben schneiden, mit
Salz	
frisch gemahlenem Pfeffer	würzen
1 Ei	verrühren, mit
100 g geriebenem Emmentaler	vermischen, über die belegte Pizza geben, nochmals 10–15 Minuten gehen lassen das Backblech in den Backofen schieben
Ober-/Unterhitze	etwa 200 °C (vorgeheizt)
Heißluft	etwa 180 °C (nicht vorgeheizt)
Gas	etwa Stufe 4 (vorgeheizt)
Backzeit	etwa 25–30 Minuten.
Tip	Für diese Pizza können Sie folgende Apfelsorten einsetzen: Goldstar, Gloster oder Boskop. Anstatt gekochten Schinken können Sie mageren durchwachsenen Speck, Schinkenspeck oder Putenbrustaufschnitt verwenden.

Spinatpizza

Raffiniert

	Für den Teig
175 g dunkles Weizenmehl (Type 1050)	in eine Rührschüssel sieben, mit
75 g Weizenschrot	
1/2 Beutel Trocken-Backhefe	sorgfältig mischen
25 g zerlassene Butter oder Margarine	
1/2 TL Zucker	
Salz	
Pfeffer	
125 ml (1/8 l) lauwarme Milch	hinzufügen, alles mit dem Handrührgerät mit Knethaken zuerst auf der niedrigsten, dann auf der höchsten Stufe zu einem Teig verarbeiten, den Teig an einem warmen Ort so lange gehen lassen, bis er sich sichtbar vergrößert hat den Teig auf einer Arbeitsfläche nochmals durchkneten den Teig zu einer runden Platte (Durchmesser 35 cm) ausrollen, auf ein Backblech oder in eine Springform legen.
	Für den Belag
1 mittelgroße Zwiebel	abziehen
75 g durchwachsenen Speck	
75 g gekochten Schinken	die 3 Zutaten in Würfel schneiden
2 EL Speiseöl	erhitzen, den Speck darin ausbraten, Zwiebel- und Schinkenwürfel hinzufügen, 2–3 Minuten dünsten lassen
500 g Spinat	sorgfältig verlesen, gründlich waschen, tropfnaß in einen Topf geben, zugedeckt dünsten lassen, bis die Blätter zusammenfallen, abtropfen lassen, mit den Schinken-, Speck- und Zwiebelwürfeln vermengen
2 Knoblauchzehen	abziehen, fein würfeln, hinzufügen, den Spinat mit
Salz	
geriebener Muskatnuß	
Zitronensaft	würzen, den Belag auf dem Boden verteilen
400 g Fleischtomaten	waschen, abtrocknen, die Stengelansätze entfernen, die Tomaten in Scheiben schneiden, auf dem Spinat verteilen, mit Salz,
frisch gemahlenem Pfeffer	
2 EL gehackten Majoranblättchen	bestreuen
150 g Gouda	grob reiben, darüber verteilen, das Backblech oder die Form in den Backofen schieben
Ober-/Unterhitze	200–220 °C (vorgeheizt)
Heißluft	180–200 °C (nicht vorgeheizt)
Gas	Stufe 3–4 (vorgeheizt)
Backzeit	25–30 Minuten.

Hackfleischpizza

Raffiniert

Für den Teig

300 g Weizenmehl	in eine Rührschüssel sieben, mit
1 Päckchen Trocken-Backhefe	sorgfältig vermischen
4 EL Speiseöl	
1 gestr. TL Salz	
1/2 TL Zucker	
150 ml lauwarmes Wasser	hinzufügen, mit dem Handrührgerät mit Knethaken zuerst auf der niedrigsten, dann auf der höchsten Stufe zu einem Teig verarbeiten den Teig an einem warmen Ort gehen lassen, bis er sich sichtbar vergrößert hat auf der Arbeitsfläche nochmals gut durchkneten.

Für den Belag

2 Zwiebeln	
2 Knoblauchzehen	abziehen, würfeln
4 EL Olivenöl	erhitzen, Zwiebel- und Knoblauchwürfel darin andünsten
600 g Gehacktes (halb Rind-, halb Schweinefleisch)	hinzufügen, kurz anbraten, dabei die Klümpchen mit einer Gabel zerdrücken
3 EL Tomatenmark	unterrühren, mit
Salz	
Pfeffer	
gerebeltem Oregano	würzen
3 EL Olivenöl	erhitzen
1 rote Paprikaschote	
1 grüne Paprikaschote	halbieren, entstielen, entkernen, die weißen Scheidewände entfernen, vierteln, Paprikaviertel waschen, Paprika in Streifen schneiden, zu dem Olivenöl geben und andünsten
2 Stangen (300 g) Porree (Lauch)	putzen, halbieren, waschen, in Streifen schneiden, zu den Paprikastreifen geben, andünsten das Gemüse mit
2 TL grünen Pfefferkörnern	zu dem Gehacktem geben, vermischen den Teig auf einem gefetteten Backblech ausrollen
3 EL Tomaten-Ketchup	auf den Pizza-Teig streichen
5 Tomaten	waschen, halbieren, Stengelansätze entfernen, Tomaten in Scheiben schneiden, auf dem Teig verteilen, das Hackfleisch-Gemüse darauf verteilen
200 g mittelalten Gouda	reiben, darüberstreuen das Backblech in den Backofen schieben
Ober-/Unterhitze	etwa 220 °C (vorgeheizt)
Heißluft	etwa 200 °C (nicht vorgeheizt)
Gas	Stufe 4–5 (vorgeheizt)
Backzeit	25–30 Minuten.

Exotische Pizza

(Foto)

	Für den Teig
250 g Weizenmehl	in eine Rührschüssel sieben
1 Ei	
1/2 TL Salz	
100 g kalte Butter in Flöckchen	
5 EL Buttermilch	hinzufügen, mit dem Handrührgerät mit Knethaken zu einem glatten Teig verkneten, Teig zur Kugel formen, in Frischhaltefolie wickeln, etwa 30 Minuten im Kühlschrank ruhen lassen, auf einem gefettetem Backblech mit einer Teigrolle zu einer großen runden Pizza ausrollen.
	Für den Belag
100 g Schweinefilet	unter fließenden kaltem Wasser abspülen, trockentupfen, das Filet in kleine Würfel schneiden
2 EL Sojasauce	mit
1/2 TL Rohzucker	
Pfeffer	verrühren, das Filet darin kurze Zeit marinieren lassen
5 Ananasringe	gut abtropfen lassen
4 kleine Tomaten	waschen, in Achtel schneiden, Stengelansätze entfernen
1 Chicorée	waschen, den Strunk keilförmig herausschneiden Chicorée in schmale Ringe schneiden das Schweinefleisch mit
2 EL Frühlingszwiebelröllchen	auf der Pizza verteilen, mit Ananasringen und Tomatenspalten belegen, mit dem Chicorée bestreuen
250 g Edamer	in dünne Scheiben schneiden, auf der Pizza verteilen
Ober-/Unterhitze	etwa 200 °C (vorgeheizt)
Heißluft	etwa 180 °C (nicht vorgeheizt)
Gas	etwa Stufe 4 (vorgeheizt)
Backzeit	etwa 30 Minuten.

Schnelle Pizza

	Für den Teig
250 g Weizenmehl	mit
2 TL Backpulver	in eine Rührschüssel sieben
1 TL Salz	
50 g weiche Butter	
50 g geriebenen, alten Gouda	
125 ml (1/8 l) Milch oder Wasser	hinzufügen die Zutaten mit dem Handrührgerät mit Knethaken zunächst auf niedrigster, dann auf höchster Stufe gut durcharbeiten anschließend auf der Arbeitsfläche zu einem glatten Teig verkneten.

(Fortsetzung Seite 10)

Für den Belag

3 EL Olivenöl in einem kleinen Topf erhitzen
2 Zwiebeln abziehen, würfeln, in dem Öl andünsten
3 EL Tomatenmark
gerebelten Oregano
gerebelten Majoran
Salz
frisch gemahlenen Pfeffer unterrühren
den Teig zu einer Platte (Durchmesser 28 cm) ausrollen, auf ein gefettetes Backblech legen mit der Tomaten-Zwiebel-Masse bis an den Rand bestreichen, mit einem Gitter aus
50 g Anchovisfilets (aus dem Glas)
10 schwarzen Oliven belegen, mit
50 g geriebenem Parmesan bestreuen
die Pizza in den Backofen schieben
Ober-/Unterhitze 180–200 °C (vorgeheizt)
Heißluft 160–180 °C (nicht vorgeheizt)
Gas Stufe 3–4 (vorgeheizt)
Backzeit etwa 20 Minuten
die Pizza in Stücke schneiden, warm servieren.

Kartoffelpizza

(Foto)

Gut vorzubereiten

750 g Kartoffeln schälen, waschen, in dünne Scheiben schneiden, zum Trocknen eine Zeitlang auf Haushaltspapier legen
150 g durchwachsenen Speck in kleine Würfel schneiden, auslassen, die Kartoffelscheiben hinzugeben, etwa 5 Minuten unter öfterem Wenden braten lassen
500 g Tomaten waschen, Stengelansätze entfernen, Tomaten in Scheiben schneiden, mit den Kartoffelscheiben vermengen, beide Zutaten gleichmäßig auf einem gefetteten Backblech verteilen, mit
1/4 TL gerebeltem Oregano
1 EL gehackter Petersilie
Knoblauchsalz
frisch gemahlenem Pfeffer bestreuen, die Pizza mit
250 g Maasdamer gleichmäßig belegen
Ober-/Unterhitze 200–220 °C (vorgeheizt)
Heißluft 180–200 °C (nicht vorgeheizt)
Gas Stufe 4–5 (vorgeheizt)
Backzeit etwa 25 Minuten
die Pizza in Stücke teilen, heiß servieren.

Geflügelpizza

Für den Teig

300 g Weizenmehl in eine Rührschüssel sieben, mit
1 Päckchen Trocken-Backhefe
4 EL Speiseöl
1 gestr. TL Salz
knapp 125 ml (1/8 l) Wasser hinzufügen, mit dem Handrührgerät mit Knethaken zunächst auf der niedrigsten, dann auf der höchsten Stufe zu einem Teig verarbeiten, den Teig so lange an einem warmen Ort gehen lassen, bis er sich sichtbar vergrößert hat, den Teig auf einer Arbeitsfläche nochmals gut durchkneten, den Teig zu einem Quadrat von 30 x 30 cm ausrollen, auf ein mit
Butter gefettetes Backblech legen.

Für den Belag

2 Stangen Staudensellerie (etwa 200 g)
1 Stange Porree (Lauch, etwa 200 g)
beide Zutaten putzen, waschen, von dem Staudensellerie die harten Außenfäden abziehen, beide Zutaten in Scheiben schneiden
1 rote Paprikaschote (etwa 200 g) halbieren, entstielen, entkernen, die weißen Scheidewände entfernen, Paprika waschen, in dünne Streifen schneiden
1 Zwiebel
1 Knoblauchzehe abziehen, fein würfeln
3 EL Speiseöl erhitzen, das Gemüse, Zwiebel- und Knoblauchwürfel etwa 5 Minuten darin dünsten, mit Salz,
Pfeffer
Kräutern der Provence würzen, abkühlen lassen
375 g Hähnchenbrustfilet unter fließendem kaltem Wasser abspülen, trockentupfen, das Fleisch in dünne Streifen schneiden, mit Salz, Pfeffer bestreuen
2 EL Speiseöl erhitzen, die Fleischstreifen unter öfterem Wenden darin etwa 3 Minuten braten lassen
2 EL Sojasauce darübergeben, gut verrühren, abkühlen lassen

den Teig mit
1 EL Tomatenmark bestreichen, das Gemüse darauf geben
2 Tomaten waschen, Stengelansätze entfernen, Tomaten in Scheiben schneiden, darauf verteilen, die Fleischstreifen darübergeben
100–150 g mittelalten Gouda reiben, über den Belag streuen, mit Kräutern der Provence bestreuen, mit
Olivenöl beträufeln
Ober-/Unterhitze 200–220 °C (vorgeheizt)
Heißluft 180–200 °C (nicht vorgeheizt)
Gas Stufe 4–5 (vorgeheizt)
Backzeit etwa 25 Minuten.

Party-Mini-Pizzen

Für Gäste

Für den Teig

400 g Weizenmehl	in eine Rührschüssel sieben, mit
1 Päckchen Trocken-Backhefe	sorgfältig vermischen
1 TL Zucker	
2 TL Salz	
1 Msp. Paprikapulver	
200 ml lauwarmes Wasser	
6 EL Olivenöl	hinzufügen, die Zutaten mit dem Handrührgerät mit Knethaken zunächst auf niedrigster, dann auf höchster Stufe zu einem Teig verarbeiten den Teig so lange an einem warmen Ort stehenlassen, bis er sich sichtbar vergrößert hat
200 g Artischockenherzen (aus der Dose)	
4 Ananasscheiben (aus der Dose)	
	beide Zutaten abtropfen lassen
1 Glas (190 g) Champignons	abtropfen lassen, evtl. in Scheiben schneiden, in
20 g Butter	kurz dünsten
4 Tomaten	waschen, abtrocknen, die Stengelansätze herausschneiden, die Tomaten in Scheiben schneiden
125 g Salamischeiben	
125 g Kochschinken	
	beide Zutaten in größere Stücke schneiden den Teig auf einer Arbeitsfläche nochmals gut durchkneten, zu einer Rolle formen, in 8 gleich große Stücke teilen, jedes Stück etwas ausrollen, auf zwei gefettete Backbleche legen die Teigstücke mit Artischockenherzen, Ananasscheiben, Champignons, Tomaten, Salamischeiben und Kochschinken beliebig belegen, mit
Salz	
Pfeffer	
gerebeltem Oregano	
gerebeltem Majoran	bestreuen
200 g Emmentaler	grob reiben, auf den Pizzen verteilen, ein Backblech kalt stellen bei Ober-/Unterhitze und Gas die Pizzen nacheinander backen, bei Heißluft können beide Backbleche gleichzeitig gebacken werden
Ober-/Unterhitze	200–220 °C (vorgeheizt)
Heißluft	180–200 °C (nicht vorgeheizt)
Gas	Stufe 4–5 Minuten (vorgeheizt)
Backzeit	etwa 15 Minuten die Pizzen nach Belieben mit
Basilikumblättchen	bestreuen.

Pizza-Miniaturen

(Für 12 Stück)

Für Gäste

	Für den Teig
500 g Weizenmehl	in eine Rührschüssel sieben, mit
1 Päckchen Trocken-Backhefe	sorgfältig mischen
1 TL Salz	
4 EL Olivenöl	
1/2 TL Zucker	
300 ml lauwarmes Wasser	mit dem Handrührgerät mit Knethaken in zu einem geschmeidigen Teig verkneten den Teig an einem warmen Ort so lange stehen lassen, bis er sich sichtbar vergrößert hat den Teig auf einer Arbeitsfläche nochmals gut durchkneten, aus dem Teig eine lange Rolle formen und in 12 gleich große Stücke schneiden jedes Teigstück zu einem runden Fladen (12–14 cm) ausrollen, den Rand etwas dicker lassen.
	Für den 1. Belag
6 Tomaten	waschen, die Stengelansätze entfernen, in Scheiben schneiden,
250 g Mozzarella	in Scheiben schneiden
18 schwarze Oliven	entkernen
6 Sardellenfilets	wässern 6 Teigstücke zuerst mit
2 EL Olivenöl	bestreichen, dann mit den anderen Zutaten belegen mit
1 TL gerebeltem Thymian	
Salz	
frisch gemahlenem Pfeffer	würzen, mit
2 EL Olivenöl	beträufeln.
	Für den 2. Belag die restlichen 6 Teigstücke mit
2 EL Speiseöl	bestreichen
300 g frische, geschälte Shrimps	auf den Pizzen verteilen
1 Ei	mit
1 Becher (125 g) Crème double	verrühren, mit Salz, Pfeffer würzen
1 EL gehackte Petersilie	hinzufügen, die Masse auf die Pizzen verteilen, mit
100 g geriebenem Parmesan	bestreuen die Pizzen auf dem Backblech in den Backofen schieben
Ober-/Unterhitze	200–220 °C (vorgeheizt)
Heißluft	180–200 °C (nicht vorgeheizt)
Gas	Stufe 4–5 (vorgeheizt)
Backzeit	15–20 Minuten.
Tip	Statt Mozzarella können Sie auch Hartkäse, wie z. B. mittelalten Gouda oder Höhlenkäse in Scheiben geschnitten, verwenden.

Drei-Pilze-Pizza

Raffiniert

Für den Teig

150 g Weizenmehl	in eine Rührschüssel sieben, mit
100 g Roggenvollkornschrot	vermischen
1 Päckchen Trocken-Backhefe	
1/2 TL Zucker	sorfältig mischen
150 ml lauwarmes Wasser	
3 EL Olivenöl	
1 TL Salz	hinzufügen, die Zutaten mit dem Handrührgerät mit Knethaken zunächst auf niedrigster, dann auf höchster Stufe zu einem Teig verarbeiten, an einem warmen Ort gehen lassen, bis er sich sichtbar vergrößert hat, den Teig auf der Arbeitsfläche nochmals gut durchkneten, auf einem gefetteten Backblech ausrollen.

Für den Belag

je 200 g Pfifferlinge Austernpilze und Champignons	putzen, mit Küchenpapier abreiben, evtl. waschen, kleinschneiden
4 Zwiebeln	abziehen, halbieren, in Streifen schneiden
6 EL Olivenöl	erhitzen, Zwiebelstreifen darin andünsten, Pilze einzeln (je nach Sorte) andünsten
1 Knoblauchzehe	abziehen, durch die Knoblauchpresse drücken, mit
125 g Schinkenspeck	in Streifen schneiden, zu den Pilzen geben
1 Bund Frühlingszwiebeln	putzen, waschen, in Ringe schneiden, zu den Pilzen geben, insgesamt etwa 12 Minuten dünsten, mit
Salz frisch gemahlenem Pfeffer	würzen.

Für die Sauce

1 Becher (125 g) Crème double	mit
2 EL gehackter Petersilie	
2 EL geschnittenem Schnittlauch	verrühren
	den Teig mit der Sauce bestreichen
4 Tomaten	waschen, Stengelansätze entfernen, Tomaten in Scheiben schneiden, auf den Teig legen, mit Salz, Pfeffer würzen, den Belag gleichmäßig darauf verteilen
200 g geriebenen Gruyère-Käse	darüberstreuen, das Blech in den Backofen schieben
Ober-/Unterhitze	etwa 220 °C (vorgeheizt)
Heißluft	etwa 200 °C (nicht vorgeheizt)
Gas	Stufe 4–5 (vorgeheizt)
Backzeit	etwa 25 Minuten.

Pizza Rustica

Gut vorzubereiten

	Für den Teig
125 g Weizenmehl	
125 g dunkles Roggenmehl (Type 1150)	in eine Rührschüssel sieben, mit
1/2 TL Zucker	
1 Päckchen Trocken-Backhefe	
1/2 TL Salz	sorgfältig mischen
125 ml (1/8 l) lauwarmes Wasser	
4 EL Olivenöl	mit dem Handrührgerät mit Knethaken zu einem geschmeidigen Teig verkneten, den Teig an einem warmen Ort so lange gehen lassen, bis er sich sichtbar vergrößert hat.
	Für den Belag
200 g Ricotta (Quark)	mit
2 Eiern	
2 EL gehackter Petersilie	verrühren
100 g Parmesan	reiben
100 g gekochten Schinken	in Würfel schneiden, beides unter die Quark-Eier-Masse heben, mit
Salz	
gemahlenem Pfeffer	würzen
1 Gemüsezwiebel	abziehen, halbieren, in Streifen schneiden
3 EL Olivenöl	erhitzen, die Zwiebelstreifen darin andünsten
3 Tomaten	waschen, Stengelansätze entfernen, Tomaten in Würfel schneiden
250 g Mozzarella	abtropfen lassen, in Scheiben schneiden
	den Teig auf einer Arbeitsfläche nochmals gut durchkneten, auf einem gefettetem Backblech ausrollen, zuerst die Quarkmasse darauf verteilen, dann die Zwiebelstreifen und Tomatenwürfel, mit Salz, Pfeffer,
gerebeltem Oregano	würzen, mit Mozzarellascheiben belegen, mit
4 EL Olivenöl	beträufeln
	das Backblech in den Backofen schieben
Ober-/Unterhitze	etwa 180 °C (vorgeheizt)
Heißluft	etwa 160 °C (nicht vorgeheizt)
Gas	etwa Stufe 3 (vorgeheizt)
Backzeit	etwa 60 Minuten.

Tomatenpizza

	Für den Teig
300 g Weizenmehl	
1 Päckchen Backpulver	in eine Rührschüssel sieben
150 g Speisequark	

(Fortsetzung Seite 18)

100 ml Milch	
100 ml Speiseöl	
1 TL Salz	hinzufügen, die Zutaten mit dem Handrührgerät mit Knethaken auf höchster Stufe in etwa 1 Minute verarbeiten (nicht zu lange, Teig klebt sonst), anschließend auf der bemehlten Arbeitsfläche zu einer Kugel formen, die Kugel auf ein gefettetes Backblech legen, mit einer Teigrolle auf dem Backblech ausrollen
500 g Tomaten	waschen, abtrocknen, die Stengelansätze entfernen, die Tomaten in Scheiben schneiden
4 EL Tomatenmark	
Salz	
Pfeffer	
1 TL Oregano	
4 EL Olivenöl	verrühren, auf den Teig streichen, die Tomatenscheiben darauf verteilen, mit Salz und Pfeffer bestreuen
125 g Salamischeiben	halbieren oder vierteln, auf die Tomatenscheiben legen
200 g Gouda	grob reiben, darüberstreuen, mit
1 EL gehackten Majoranblättchen	
1 EL gehackten Basilikumblättchen	bestreuen, mit
2 EL Olivenöl	beträufeln, das Backblech in den Backofen schieben
Ober-/Unterhitze	etwa 200 °C (vorgeheizt)
Heißluft	etwa 180 °C (nicht vorgeheizt)
Gas	Stufe 4 (vorgeheizt)
Backzeit	etwa 25 Minuten.

Überbackenes Partybrot

(Foto)

Für Gäste

1 Fladenbrot	quer halbieren, ein Backblech mit
2 EL Speiseöl	bestreichen
2 Dosen (à 185 g) Thunfisch in Öl	abtropfen lassen, das Öl auffangen, die Fladenbrote damit beträufeln
250 g Kochschinken	in Streifen schneiden den Thunfisch in kleine Stücke zerteilen
1/2 Salatgurke	waschen, putzen, mit der Schale in Scheiben hobeln alles gleichmäßig auf den beiden Fladenbrothälften verteilen
2 Becher (à 150 g) Frischkäse mit Kräutern	mit
2 Eiern	verrühren, auf den Fladenbrothälften verteilen
100 g schwarze Oliven	auf den Fladenbrothälften verteilen das Blech in den Backofen schieben
Ober-/Unterhitze	200–220 °C (vorgeheizt)
Heißluft	180–200 °C (nicht vorgeheizt)
Gas	Stufe 4–5 (vorgeheizt)
Backzeit	etwa 15 Minuten das überbackene Brot in Stücke schneiden, mit
2 EL Schnittlauchröllchen	bestreuen.

Pizza mit Seeteufel und Staudensellerie

	Für den Teig
250 g Weizenmehl	in eine Rührschüssel sieben, mit
1/2 TL Salz	
1/2 TL Zucker	mischen, in die Mitte eine Vertiefung eindrücken
20 g frische Hefe	hineinbröckeln, etwas von
125 ml (1/8 l) lauwarmen Wasser	darübergeben, die Hefe darin auflösen, mit Mehl bedecken an einem warmen Ort etwa 10 Minuten gehen lassen restliches Wasser,
1 TL Olivenöl	hinzugeben, die Zutaten mit dem Handrührgerät mit Knethaken zu einem Teig verarbeiten, zu einer Kugel formen, über Kreuz einschneiden, mit etwas
Weizenmehl	bestäuben, den Teig zugedeckt an einem warmen Ort so lange gehen lassen, bis er doppelt so hoch ist.
	Für den Belag
400 g Seeteufelfilet oder Schellfisch	unter fließendem kalten Wasser abspülen, trockentupfen, in etwa 1 cm große Stücke schneiden
300 g Tomaten	halbieren, die Stengelansätze entfernen, Tomaten entkernen, in große Stücke schneiden
200 g Staudensellerie	putzen, die harte Außenfäden abziehen, die Stengel waschen, in dünne Scheiben schneiden
4 kleine Schalotten	abziehen, fein würfeln
4 EL Olivenöl	erhitzen, die Schalottenwürfel darin andünsten, den Staudensellerie hinzufügen, mitdünsten, dann die Tomatenstücke dazugeben, ebenfalls kurz mitdünsten, mit
Salz	
Pfeffer	würzen
1 Knoblauchzehe	abziehen, fein würfeln
5 Basilikumblättchen	abspülen, fein hacken, mit den Fischwürfeln zu dem Gemüse geben den Teig nochmals gut durchkneten, zu einer runden Platte (Durchmesser 28 cm) ausrollen, auf ein mit
Olivenöl	bestrichenes Back- oder Pizzablech legen, den Teig mit etwas Olivenöl bestreichen, den Belag gleichmäßig darauf verteilen
250 g Mozzarella	abtropfen lassen, in kleine Würfel schneiden, auf die Pizza streuen, auf dem Rost in den Backofen schieben
Ober-/Unterhitze	200–220 °C (vorgeheizt)
Heißluft	180–200 °C (nicht vorgeheizt)
Gas	etwa Stufe 4–5 (vorgeheizt)
Backzeit	20–25 Minuten.

Delikateß-Mini-Pizza

Für Gäste

200 g Weizen-vollkornmehl	
200 g dunkles Weizenmehl (Typ 1050)	in eine Rührschüssel sieben, mit
1 Päckchen Trocken-Backhefe	
1/2 TL Zucker	sorgfältig mischen
1 TL Salz	
60 g Schweineschmalz	
25 geriebenen Parmesan	
knapp 250 ml (1/4 l) lauwarmes Wasser	hinzufügen, die Zutaten mit dem Handrührgrät mit Knethaken zunächst auf niedrigster, dann auf höchster Stufe zu einem Teig verarbeiten, an einem warmen Ort gehen lassen, bis er sich sichtbar vergrößert hat, den Teig auf der Arbeitsfläche nochmals gut durchkneten.
	Für den Belag
3 EL Olivenöl	in einem Topf erhitzen
2 abgezogene, gewürfelte Zwiebeln	darin glasig dünsten
1 Päckchen (370 g) Tomaten-würfel	hinzufügen, kurz andünsten, mit
Salz	
Pfeffer	
gerebeltem Oregano	abschmecken
400 g Champignons	putzen, evtl. waschen, in Scheiben schneiden, in
40 g Butter	andünsten
2 rote Paprika-schoten	halbieren, entstielen, entkernen, die weißen Scheidewände entfernen, die Schoten waschen, Paprika in feine Streifen schneiden, kurz mit den Champignons andünsten, mit Salz, Pfeffer bestreuen
250 g blaue Weintrauben	waschen, halbieren, entkernen
	aus dem Teig 8 Kugeln formen und ausrollen (Durchmesser 12–14 cm), den Teig am Rand etwas dicker werden lassen, den ausgerollten Teig auf zwei Backbleche legen, mit der Sauce bestreichen, die anderen Zutaten nacheinander darauf legen
150 g mittelalten Gouda	reiben
75 g Gorgonzola	in Würfel schneiden
	den Käse auf die Pizza geben, ein Backblech kalt stellen
	bei Ober-/Unterhitze und Gas die Pizzen nacheinander backen, bei Heißluft können beide Backbleche gleichzeitig gebacken werden
Ober-/Unterhitze	200–220 °C (vorgeheizt)
Heißluft	180–200 °C (nicht vorgeheizt)
Gas	Stufe 4–5 (vorgeheizt)
Backzeit	etwa 15 Minuten pro Backblech.

Champignonpizza

Gut vorzubereiten

Für den Teig

300 g Weizenmehl	in eine Rührschüssel geben
20 g frische Hefe	
etwas Zucker	
Salz	
knapp 200 ml lauwarmes Wasser	
2 EL Olivenöl	hinzufügen
	die Zutaten mit dem Handrührgerät mit Knethaken zunächst auf niedrigster, dann auf höchster Stufe zu einem Teig verarbeiten
	den Teig abgedeckt so lange an einem warmen Ort gehen lassen, bis er sich sichtbar vergrößert hat
	den Teig auf einer Arbeitsfläche nochmals gut durchkneten.

Für den Belag

2 Zwiebeln	
1 Knoblauchzehe	
	beide Zutaten abziehen, fein würfeln
2 EL Olivenöl	erhitzen, Zwiebel- und Knoblauchwürfel darin andünsten
850 g geschälte Tomaten (aus der Dose)	hinzufügen, etwas zerdrücken, mit
Salz, Pfeffer	abschmecken, die Sauce etwas einkochen lassen
600 g Creme-Champignons	putzen, mit Küchenpapier abreiben, evtl. abspülen, in Scheiben schneiden
6 EL Olivenöl	in einer Pfanne erhitzen, die Champignonscheiben darin andünsten, mit Salz, Pfeffer würzen
100 g durchwachsenen Speck	in Streifen schneiden
	den Teig zu 4 runden Pizzen ausrollen, auf ein gefettetes Backblech legen, die Tomatensauce auf den Teig geben, mit
gerebeltem Oregano	bestreuen, die Champignons und den Speck darauf verteilen, in den Backofen schieben
	bei Ober-/Unterhitze und Gas die Pizzen hintereinander backen, bei Heißluft können beide Bleche zusammen gebacken werden
Ober-/Unterhitze	etwa 200 °C (vorgeheizt)
Heißluft	etwa 180 °C (nicht vorgeheizt)
Gas	Stufe 3–4 (vorgeheizt)
Backzeit	15–20 Minuten.
Tip	Statt des durchwachsenen Specks können Sie auch geräucherten oder gekochten Schinken verwenden. Anstatt 4 Pizzen zu backen, können Sie den Teig auch auf einem Backblech ausrollen und belegen.

Pizza mit Auberginen und Steinpilzen

Für Gäste

	Für den Teig
250 g Weizenmehl	in eine Rührschüssel sieben, in die Mitte eine Vertiefung eindrücken
20 g frische Hefe	hineinbröckeln
1/2 TL Zucker	hinzufügen, etwas von
125 ml (1/8 l) lauwarmen Wasser	darübergeben, die Hefe darin auflösen
1 gestr. TL Salz	
2 EL Olivenöl	und den Rest des Wassers hinzufügen, die Zutaten mit dem Handrührgerät mit Knethaken zu einem glatten Teig verarbeiten, etwa 10 Minuten an einem warmen Ort gehen lassen
1 Aubergine (300 g)	waschen, abtrocknen, Stengelansätze entfernen, die Auberginen halbieren, in Scheiben schneiden, mit
Salz	bestreuen, etwa 10 Minuten stehenlassen, trockentupfen
8 EL Olivenöl	erhitzen, die Auberginenscheiben darin portionsweise braten, auf Küchenpapier legen
300 g Steinpilze	putzen, evtl. abspülen, trockentupfen, in Scheiben schneiden
50 g Butter	zerlassen, die Pilze darin anbraten, mit Salz,

frisch gemahlenem Pfeffer	bestreuen
1 EL gehackte Petersilie	unterrühren
400 g Tomaten	waschen, die Stengelansätze entfernen, Tomaten in Stücke schneiden
	den Teig zu einer runden Platte von etwa 28 cm Durchmesser ausrollen, auf ein mit wenig
Olivenöl	bestrichenes Backblech legen, den Teig mit Tomatenwürfeln belegen, dann Auberginen und Pilze darauf geben
250 g Mozzarella	abtropfen lassen, in Scheiben schneiden, auf den Belag verteilen, das Backblech in den Backofen schieben
Ober-/Unterhitze	200–220 °C (vorgeheizt)
Heißluft	180–200 °C (nicht vorgeheizt)
Gas	Stufe 4–5 (vorgeheizt)
Backzeit	etwa 20 Minuten.
Tip	Anstatt der Steinpilze können Sie auch Austernpilze oder Champignons verwenden. Wer die Pizza würziger möchte, kann mit den Pilzen gewürfelten durchwachsenen Speck oder Schinken anbraten und den Mozzarella mit frisch gemahlenem schwarzem Pfeffer bestreuen.

Pizza-Fladen

(20 Stück)

Preiswert

500 g Weizenvollkornmehl	in eine Rührschüssel sieben, in die Mitte eine Vertiefung drücken
40 g frische Hefe	mit
125 ml (1/8 l) lauwarmen Wasser	verrühren, in die Mulde geben, zugedeckt etwa 20 Minuten gehen lassen
50 g Butter	
1/4 TL Salz	
1 Ei	hinzugeben, mit dem Handrührgerät mit Knethaken zu einem glatten Teig verarbeiten den Teig so lange an einem warmen Ort gehen lassen, bis er sich sichtbar vergrößert hat den Teig auf der Arbeitsfläche nochmals gut durchkneten.
	Für den Belag
2 Zwiebeln	abziehen, fein würfeln
1 EL Speiseöl	erhitzen, die Zwiebelwürfel hinzugeben, andünsten
1 Dose (800 g) Tomaten	hinzugeben, 15–20 Minuten bei mittlerer Hitze dicklich einkochen
1 rote Paprikaschote	
1 grüne Paprikaschote	halbieren, entstielen, die weißen Scheidewände entfernen, die Schoten abspülen, in feine Streifen schneiden
200 g Champignons	putzen, mit Küchenpapier abreiben, evtl. abspülen Champignons in feine Scheiben schneiden das Gemüse zu den Tomaten geben, noch 5 Minuten ziehen lassen
75 g mageren, gekochten Schinken	in feine Streifen oder Würfel schneiden, zu den Tomaten geben, mit
Salz	
frisch gemahlenem Pfeffer	
gerebeltem Oregano	
gerebeltem Basilikum	würzen den Teig in 20 gleich große Stücke teilen, zu dünnen länglichen Fladen ausrollen auf ein mit Backpapier belegtes Blech geben den Belag auf den Fladen verteilen
200 g geriebenen Käse	darüberstreuen, in den Backofen schieben
Ober-/Unterhitze	etwa 200 °C (vorgeheizt)
Heißluft	etwa 180 °C (nicht vorgeheizt)
Gas	etwa Stufe 4 (vorgeheizt)
Backzeit	etwa 25 Minuten.
Tip	Pizzafladen lassen sich sehr gut einfrieren. Dann im Backofen auftauen und erhitzen.

Pizza mit allerlei Käse

	Für den Teig
400 g Weizenmehl	in eine Rührschüssel sieben, in die Mitte eine Vertiefung drücken
20 g frische Hefe	hineinbröckeln, mit
1/2 TL Zucker	
200 ml lauwarmen Wasser	hinzufügen, die Hefe sorgfältig verrühren, etwa 10 Minuten gehen lassen, den Rest des Wassers mit
1 gestr. TL Salz	
4 EL Olivenöl	hinzufügen, mit dem Handrührgerät mit Knethaken zunächst auf niedrigster, dann auf höchster Stufe zu einem Teig verarbeiten den Teig an einem warmen Ort gehen lassen, bis er sich sichtbar vergrößert hat auf der Arbeitsfläche nochmals gut durchkneten, auf einem gefettetem Backblech ausrollen.
	Für den Belag
2 Zwiebeln	
2 Knoblauchzehen	abziehen, fein würfeln
2 EL Olivenöl	erhitzen, Zwiebeln und Knoblauch darin andünsten
1 Dose (400 g) passierte Tomaten	
2 EL Tomatenmark	
1 TL gerebelten Oregano	
1 TL gerebeltes Basilikum	
1 TL Salz	
gemahlenen Pfeffer	dazugeben, die Sauce aufkochen, dann etwa 5 Minuten bei schwacher Hitze köcheln lassen, auf der Pizza verteilen
1 Dose (240 g) Artischockenherzen	abtropfen lassen, vierteln
4 Tomaten	waschen, Stengelansätze entfernen, in Scheiben schneiden
1 Dose (200 g) Champignonscheiben	abtropfen lassen
1 kleinen Zucchino (150 g)	putzen, die Enden abschneiden, waschen, Zucchino in Scheiben schneiden
2 EL Olivenöl	erhitzen, die Zucchinischeiben darin anbraten, mit Salz, Pfeffer würzen, das Gemüse auf der Tomatensauce verteilen, mit Salz, Pfeffer,
gerebeltem Oregano	bestreuen
125 g Mozzarella	abtropfen lassen, in dünne Scheiben schneiden
75 g Gouda	reiben
75 g Gorgonzola	in Würfel schneiden, die Käsesorten über das Gemüse streuen das Backblech in den Backofen schieben
Ober-/Unterhitze	etwa 220 °C (vorgeheizt)
Heißluft	etwa 200 °C (nicht vorgeheizt)
Gas	etwa Stufe 5 (vorgeheizt)
Backzeit	etwa 30 Minuten.

Porreepizza

Preiswert

	Für den Teig
150 g Weizenmehl	mit
4 gestr. TL Backpulver	mischen, in eine Rührschüssel sieben
75 g Speisequark	
50 ml Milch	
50 ml Speiseöl	
1 TL Zucker	
1/2 TL Salz	hinzufügen
	die Zutaten mit dem Handrührgerät mit Knethaken auf höchster Stufe in etwa 1 Minute verarbeiten
	auf einer bemehlten Arbeitsfläche rund ausrollen (Durchmesser 28 cm), auf ein gefettetes Backblech legen.
	Für den Belag
75 g durchwachsenen Speck	in Würfel schneiden, mit
2 EL Speiseöl	andünsten
400 g Porree (Lauch)	putzen, halbieren, waschen, in Streifen schneiden, hinzufügen, etwa 3 Minuten mitandünsten
4 Tomaten	waschen, Stengelansätze entfernen, Tomaten in Scheiben schneiden
1 Dose (150 g) Champignons	abtropfen lassen, evtl. in Scheiben schneiden
	den Teig mit
4 EL Tomatenketchup	bestreichen, darauf die Tomaten- und Champignonscheiben verteilen, mit
Salz	
frisch gemahlenem Pfeffer	
gerebeltem Oregano	bestreuen
	Speck und Porree darauf verteilen
100 g mittelalten Gouda	reiben, auf der Pizza verteilen, mit
2 EL Speiseöl	beträufeln
	das Backblech in den Backofen schieben
	bei Ober-/Unterhitze und Gas die Pizzen hintereinander backen, bei Heißluft können beide Backbleche gleichzeitig gebacken werden
Ober-/Unterhitze	180–200 °C (vorgeheizt)
Heißluft	160–180 °C (nicht vorgeheizt)
Gas	Stufe 3–4 (vorgeheizt)
Backzeit	etwa 20 Minuten.
Tip	Statt Porree können Sie auch Frühlingszwiebeln verwenden. Servieren Sie Ihren Gästen zu der Pizza einen trockenen Rotwein.

Kleine Käse-Gemüse-Kuchen

Für Gäste

Für den Teig

1 Grundmischung Pizza-Teig (2 Beutel je 175 g)
200 ml kaltes Wasser nach Packungsvorschrift zu einem glatten Teig verarbeiten
100 g geriebenen Gouda unterkneten
den Teig zu einer langen Rolle formen und in 12 gleich große Stücke schneiden
die Stücke zu Kugeln formen, rund ausrollen (etwa 10 cm Durchmesser), mit dem Daumen einen Rand eindrücken, auf zwei gefettete Backbleche legen.

Für den Belag

200 g Kirschtomaten waschen, in Scheiben oder Viertel schneiden
1 Zwiebel abziehen, in Scheiben schneiden
1 kleinen Zucchino (120 g) putzen, waschen, in Scheiben schneiden
die Zutaten auf 3 Gemüsekuchen verteilen
1 rote, 1 grüne Paprikaschote waschen, halbieren, entkernen, die weißen Scheidewände entfernen, Paprika in kleine Streifen schneiden, in kochendes Salzwasser geben, etwa 2 Minuten kochen lassen, auf ein Sieb geben, Kirschtomaten, Zwiebel, Zucchino, Paprika,
2–3 EL Tomatenmark auf 3 Gemüsekuchen verteilen
150 g Austernpilze putzen, mit Küchenpapier abreiben, evtl. waschen, in Stücke schneiden,
2 EL Speiseöl erhitzen, die Austernpilze kurz andünsten
1 Knoblauchzehe abziehen, durch eine Knoblauchzehe pressen, zu den Austernpilzen geben, mit
Salz, Pfeffer würzen
50 g Salami in Stücke schneiden, mit den Austernpilzen auf die Gemüsekuchen verteilen
2 Frühlingszwiebeln putzen, waschen, in Ringe schneiden
1 Zwiebel abziehen, in Ringe schneiden, beide Zutaten mit
50 g gekochten Schinken in kleine Stücke schneiden, auf die Gemüsekuchen verteilen
alle Gemüsekuchen mit Salz, Pfeffer würzen
Majoran-, Thymian-, Basilikumblättchen auf die Gemüsekuchen verteilen
250 g geriebenen Emmentaler auf die Gemüsekuchen verteilen
die Gemüsekuchen auf dem Blech in den Backofen schieben
Ober-/Unterhitze etwa 200 °C (vorgeheizt)
Heißluft etwa 170 °C (nicht vorgeheizt)
Gas etwa Stufe 4 (vorgeheizt)
Backzeit 12–15 Minuten.

Pizza Vier Jahreszeiten

Für den Teig

250 g Weizenmehl	in eine Schüssel sieben
1/2 TL Zucker	
1/2 TL Salz	hinzugeben
20 g frische Hefe	in
125 ml (1/8 l) lauwarmem Wasser	auflösen, mit
2 EL Olivenöl	zu dem Mehlgemisch geben alle Zutaten in der Küchenmaschine oder mit dem Handrührgerät mit Knethaken zuerst auf der niedrigsten Stufe, dann auf der höchsten Stufe zu einem glatten Teig verarbeiten, den Teig an einem warmen Ort so lange gehen lassen, bis er sich sichtbar vergrößert hat Hefeteig auf einem gefetteten Backblech in der Größe des Backblechs rund ausrollen.

Für die Sauce

1 Zwiebel	
1 Knoblauchzehe	abziehen, fein würfeln, in
2 EL Olivenöl	andünsten
1 EL Tomatenmark	
1 Dose (400 g) pürierte Tomaten	hinzufügen, mit
etwas Rosmarin	
Oregano	
Salz, Pfeffer	würzen, etwas einkochen lassen, so daß die Sauce etwas dicklich wird, die Sauce auf den ausgerollten Teig streichen.

Für den Belag

1 Dose (180 g) Artischockenherzen	abtropfen lassen
1 Tomate	waschen, Stengelansatz entfernen, Tomate in Scheiben schneiden
1 Dose (175 g) Champignons in Scheiben	abtropfen lassen
1 kleine rote Paprikaschote	halbieren, entstielen, entkernen, die weißen Scheidewände entfernen, die Schote waschen, in Streifen schneiden
1/2 Gemüsezwiebel	abziehen, in Streifen schneiden
1 Dose (175 g) Thunfisch in Öl	abtropfen lassen
50 g Salamischeiben	
125 g Mozzarella	in Scheiben schneiden
100 g Edamer	reiben, ein Viertel der Pizza mit den Tomatenscheiben belegen, darauf die Artischockenherzen verteilen, ein Viertel der Pizza mit Champignonscheiben belegen, darauf die Paprikastreifen, ein Viertel der Pizza mit Gemüsezwiebeln und Thunfischstücken belegen, ein Viertel der Pizza mit Salamischeiben belegen, die ganze Pizza mit Oregano, Salz, Pfeffer bestreuen, die Käsesorten beliebig darauf verteilen, das Backblech in den Backofen schieben
Ober-/Unterhitze	200–220 °C (vorgeheizt)
Heißluft	180–200 °C (nicht vorgeheizt)
Gas	Stufe 4–5 (vorgeheizt)
Backzeit	etwa 25 Minuten.

Käsepizza

Für Gäste

Für den Teig

500 g Weizenvollkornmehl	in eine Rührschüssel geben, mit
1 Päckchen Trocken-Backhefe	sorgfältig mischen
1 TL gemahlenen Koriander	
1 TL Meersalz	
1 TL gemahlenen Kümmel	
2 Eier	
180 ml lauwarme Milch	
70 g zerlassene, abgekühlte Butter	hinzufügen
	mit einem Handrührgerät mit Knethaken oder einer Küchenmaschine auf niedrigster Stufe zu einem glatten Teig verarbeiten, zugedeckt an einem warmen Ort so lange gehen lassen, bis der Teig sich verdoppelt hat, nochmals durchkneten, auf einem gefetteten Blech ausrollen.

Für den Belag

200 g Zwiebeln	abziehen, würfeln, in
30 g Butter	glasig dünsten, abkühlen lassen
400 g Fleischtomaten	waschen, die Stengelansätze herausschneiden, die Tomaten in Scheiben schneiden
4 Peperoni	putzen, halbieren, entkernen, waschen, in Streifen schneiden
400 g Appenzeller Käse	grob würfeln
	die Zutaten auf dem Teig verteilen.

Für die Sauce

200 g saure Sahne	
200 ml Schlagsahne	
3 Eier	
3 EL Weizenvollkornmehl	
1 TL Meersalz	
gemahlenen Pfeffer	
geriebene Muskatnuß	hinzufügen
	mit einem Handrührgerät mit Rührbesen gut verrühren, über den Belag gießen, mit
3 EL Kümmelsamen	bestreuen
	das Backblech in den Backofen schieben
Ober-/Unterhitze	etwa 200 °C (nicht vorgeheizt)
Heißluft	etwa 180 °C (nicht vorgeheizt)
Gas	Stufe 3–4 (nicht vorgeheizt)
Backzeit	etwa 50 Minuten.
Tip	Wenn Sie die Pizza herzhafter lieben, dünsten Sie die Zwiebeln anstatt in Butter in 150 g gewürfelten, durchwachsenen Speck.

Muschelpizza

Gut vorzubereiten

Für den Teig

300 g Weizenmehl	in eine Rührschüssel sieben, mit
1 Päckchen Trocken-Backhefe	sorgfältig vermischen
4 EL Speiseöl	
1 gestr. TL Salz	
gut 125 ml (1/8 l) lauwarmes Wasser oder Milch	hinzufügen, mit dem Handrührgerät mit Knethaken zuerst auf der niedrigsten, dann auf der höchsten Stufe zu einem Teig verarbeiten, den Teig an einem warmen Ort so lange gehen lassen, bis er sich sichtbar vergrößert hat, ihn dann auf der höchsten Stufe nochmals gut durchkneten, den Teig halbieren, jede Teighälfte zu einer runden Platte von etwa 20 cm Durchmesser ausrollen, auf ein mit Backpapier belegtes Backblech legen.

Für den Belag

etwa 250 g Champignons (aus der Dose)	abtropfen lassen, halbieren
2 Dosen (je etwa 180 g) Muscheln	abtropfen lassen
200 g gekochten Schinken	
4 enthäutete Tomaten	
10 Oliven (mit Paprika gefüllt)	Schinken und Tomaten in Stücke, Oliven in Scheiben schneiden
250 g Edamer	in Würfel schneiden
5 kleine rote Pfefferschoten (aus dem Glas)	abtropfen lassen, entkernen, in Ringe schneiden, die Zutaten auf die Pizzaböden verteilen, mit
1/2 EL grünen eingelegten Pfefferkörnern	
je 1/2 TL gerebeltem Oregano	
1/2 TL gerebeltem Basilikum	
gerebeltem Salbei	
gerebeltem Rosmarin	bestreuen, mit
4 EL Olivenöl	beträufeln
	bei Ober-/Unterhitze und Gas die Pizzen nacheinander backen, bei Heißluft können beide Backbleche gleichzeitig gebacken werden
Ober-/Unterhitze	200–220 °C (vorgeheizt)
Heißluft	180–200 °C (nicht vorgeheizt)
Gas	Stufe 4–5 (vorgeheizt)
Backzeit	etwa 25 Minuten.

Grüne Riesenpizza

Preiswert

	Für den Teig
250 g Weizenmehl	mit
50 g Maismehl	mischen, in eine Rührschüssel sieben
150 g trockenen Magerquark	
6 EL Olivenöl	
1 Ei	
1 TL gerebelten Oregano	
Salz	
1 EL Wasser	hinzufügen
	die Zutaten mit dem Handrührgerät mit Knethaken auf höchster Stufe in etwa 1 Minute zu einem geschmeidigen Teig verarbeiten.
	Für den Belag
300 g Brokkoli	putzen, in Röschen teilen, waschen, abtropfen lassen, in einem Topf reichlich Wasser mit
Salz	zum Kochen bringen, den Brokkoli darin etwa 2 Minuten blanchieren, mit einem Schaumlöffel herausheben, abtropfen lassen
200 g Zuckerschoten	abspülen, abtropfen lassen, die Enden abschneiden, dabei eventuell vorhandene Fäden abziehen
1–2 Bund kleine Frühlingszwiebeln	putzen, waschen, trockentupfen, der Länge nach halbieren
200 g Zucchini	waschen, trockentupfen, die Enden abschneiden, die Zucchini in Scheiben schneiden
1 Bund Petersilie	abspülen, trockentupfen, die Blätter von den Stengeln zupfen, mit
4 EL saurer Sahne	mit dem Handrührgerät mit Pürierstab pürieren, mit
Salz	
frisch gemahlenem Pfeffer	
Paprika edelsüß	würzen
	den Teig zur Kugel formen, auf ein mit Backpapier ausgelegtes Backblech legen und nach allen Seiten zu einem großen, viereckigen Fladen ausrollen, flachdrücken, mit der Petersiliensahne bestreichen, je ein Viertel mit einer der Gemüsesorten belegen,
300 g Edamer	in Würfel schneiden, auf die Pizza streuen
Ober-/Unterhitze	etwa 180 °C (vorgeheizt)
Heißluft	etwa 150 °C (nicht vorgeheizt)
Gas	etwa Stufe 3 (vorgeheizt)
Backzeit	25–30 Minuten.
Tip	Für die grüne Pizza können Sie auch andere grüne Gemüse wie gekochte grüne Bohnen, gedünstete grüne Paprika, blanchierten Blattspinat und Gemüsegurken verwenden.

Gemüse-Fladen

(10 Stück)

Preiswert

	Für den Teig
300 g Weizen-vollkornmehl	in eine Schüssel geben, eine Vertiefung in die Mitte drücken
20 g frische Hefe	hineinbröckeln
1 TL Zucker	hinzufügen und mit etwas von
200 ml lauwarmem Wasser	verrühren, etwa 10 Minuten gehen lassen, dann
1 EL Olivenöl	
1 TL Salz	den Rest des Wassers hinzufügen, mit Handrührgerät mit Knethaken in etwa 3 Minuten zu einem Teig verarbeiten, an einem warmen Ort gehen lassen, bis er sich sichtbar vergrößert hat, nochmals kurz durchkneten, etwa 1 cm dick ausrollen, 10 runde Fladen ausstechen, mit
4 EL Olivenöl	bestreichen.
	Belag für jeweils 5 Fladen
4 Tomaten	waschen, Stengelansätze entfernen, Tomaten in Scheiben schneiden und 5 Fladen schuppenartig damit belegen, mit
Salz	
grobem Pfeffer	bestreuen
Basilikumstreifen	darüber verteilen, mit etwas von
120 g geriebenem Hartkäse, z.B. Gouda	bestreuen.
	Für den Zucchinibelag
250 g Zucchini	waschen, Enden abschneiden, Zucchini in etwa 1/2 cm dicke Scheiben schneiden, in
4 EL erhitztem Speiseöl	anbraten, mit Salz,
1 zerdrückten Knoblauchzehe	
frisch gemahlenem Pfeffer	bestreuen
	Zucchinischeiben schuppenartig auf den restlichen 5 Fladen anordnen, mit dem Käse bestreuen
	Fladen auf ein gefettetes Backblech legen und in den Backofen schieben
Ober-/Unterhitze	180–200 °C (vorgeheizt)
Heißluft	160–180 °C (nicht vorgeheizt)
Gas	Stufe 3–4 (vorgeheizt)
Backzeit	10–15 Minuten.
Tip	Um den Gemüsefladen eine exotische Note zu geben, können Sie 1 Dose (320 g) Artischockenherzen darauf verteilen. Anstatt der Zucchini können Sie auch 1 gewaschene, geputzte Aubergine in Scheiben schneiden und in Olivenöl anbraten. Besonders pikant schmecken die Auberginen-Fladen mit Schafskäse.

Sprossenpizza

(Foto)

	Für den Teig
400 g Weizenvollkornmehl	
1/2 TL Zucker	in eine Schüssel geben
20 g frische Hefe	in
250 ml (1/4 l) lauwarmem Wasser	auflösen, zu dem Mehlgemisch geben, den Vorteig etwa 10 Minuten gehen lassen
2 Zwiebeln	abziehen, in Würfel schneiden
3 EL Nußöl	erhitzen, Zwiebelwürfel andünsten
1 Knoblauchzehe	abziehen, zerdrücken, unterrühren, zu dem Vorteig geben, mit dem Handrührgerät mit Knethaken verkneten, den Teig so lange an einem warmen Ort gehen lassen, bis er sich sichtbar vergrößert hat, auf der Arbeitsfläche nochmals gut durchkneten, Teig in zwei Portionen teilen, zu Pizzen von etwa 28 cm Durchmesser ausrollen, auf zwei gefettete Backbleche legen, ein Backblech kalt stellen.
	Für den Belag
1 kg Tomaten	waschen, Stengelansätze entfernen, Tomaten in Scheiben schneiden, auf die Pizzen legen, mit
Salz frisch gemahlenem Pfeffer	bestreuen
1 Tasse (250 ml) Erbsenkeime	
1 Tasse (250 ml) Kichererbsenkeime	
1 Tasse (250 ml) rote Linsenkeime	
1 Tasse (250 ml) gelbe Linsenkeime	so auf die zwei Pizzen verteilen, daß jede Keimart 1/4 bedeckt, mit
4 EL Nußöl	beträufeln, mit
6 EL geriebenem Parmesan	bestreuen
Ober-/Unterhitze	etwa 200 °C (vorgeheizt)
Heißluft	etwa 180 °C (nicht vorgeheizt)
Gas	etwa Stufe 4 (vorgeheizt)
Backzeit	etwa 25 Minuten
2 EL Alfalfakeime	über die Pizzen streuen und servieren.

Tomaten-Oliven-Törtchen

(etwa 10 Stück)

	Für den Teig
375 g Weizenmehl	in eine Rührschüssel sieben, in die Mitte eine Mulde drücken
200 g Margarine oder Butter	in kleine Stücke schneiden, mit
2 Eiern	
1/2 TL Salz	hinzugeben, mit dem Handrührgerät mit Knethaken zunächst kurz auf niedrigster, dann auf höchster Stufe gut durcharbeiten, anschließend auf

(Fortsetzung Seite 40)

	der Arbeitsfläche zu einem glatten Teig verkneten
	den Teig in Folie wickeln, im Kühlschrank etwa 1 Stunde kalt stellen.
	Für den Belag
300 g Frischkäse mit französischen Kräutern	mit
2 Eiern	verrühren
500 g Tomaten	waschen, die Stielansätze entfernen, quer in etwa 1 cm dicke Scheiben schneiden
	den Teig auf einer bemehlten Arbeitsfläche knapp 1/2 cm dünn ausrollen und Kreise von etwa 11 cm Durchmesser ausstechen
	in Torteletteförmchen von etwa 8 cm Durchmesser legen, am Rand festdrücken oder auf ein gefettetes Backblech legen
	die Frischkäsemasse darauf verteilen, mit je einer Tomatenscheibe garnieren, von
10–14 schwarzen Oliven	je eine auf jede Tomatenscheibe legen, mit Salz,
frisch gemahlenem Pfeffer	würzen, in den Backofen schieben
Ober-/Unterhitze	etwa 200 °C (vorgeheizt)
Heißluft	etwa 180 °C (nicht vorgeheizt)
Gas	etwa Stufe 4 (vorgeheizt)
Backzeit	etwa 15 Minuten.

Mini-Lauchpizzen

125 g Weizenmehl	in eine Rührschüssel sieben, mit
1/4 TL Salz	
70 g kalter Butter	
2 EL kaltem Wasser	mit dem Handrührgerät mit Knethaken zu einem glatten Teig verkneten, eingewickelt kalt stellen, den Teig auf bemehlter Arbeitsfläche dünn ausrollen, vier Torteletteförmchen (Durchmesser etwa 10 cm) damit auskleiden
4 Scheiben jungen Gouda	auf den Böden verteilen
100 g durchwachsenen Speck	in Würfel schneiden, auslassen
2 Stangen Porree (Lauch)	putzen, waschen, in Scheiben schneiden, im Speckfett etwa 10 Minuten dünsten, mit
Salz	
frisch gemahlenem Pfeffer	würzen
150 g Edamer	würfeln, mit der Lauch-Speck-Mischung auf die Torteletts verteilen
Ober-/Unterhitze	etwa 200 °C (vorgeheizt)
Heißluft	etwa 180 °C (nicht vorgeheizt)
Gas	etwa Stufe 3 (vorgeheizt)
Backzeit	15–20 Minuten.
Tip	Anstatt des Specks können Sie auch dieselbe Menge Garnelen verwenden. Den Lauch dann in 30 g Butter andünsten, mit den Garnelen vermengen, würzen und auf die Torteletts verteilen.

Pizza mit Scampi

Gut vorzubereiten

	Für den Teig
300 g Weizenmehl	in eine Schüssel sieben, mit
1 Päckchen Trocken-Backhefe	
1/2 TL Zucker	sorgfältig vermischen
4 EL Speiseöl	
1/2 TL Salz	
150 ml lauwarmes Wasser	hinzufügen, mit dem Handrührgerät mit Knethaken zuerst auf der niedrigsten, dann auf der höchsten Stufe zu einem Teig verarbeiten, den Teig an einem warmen Ort so lange gehen lassen, bis er sich sichtbar vergrößert hat auf der Arbeitsfläche nochmals gut durcharbeiten den Teig auf einem gefetteten Backblech ausrollen.
	Für den Belag
1 Zwiebel	abziehen, in Würfel schneiden, in
2 EL Olivenöl	andünsten
1 Dose (400 g) Pizza-Tomaten	mit
2 EL Tomatenmark	hinzufügen, zum Kochen bringen, etwa einkochen lassen, mit
Salz	
frisch gemahlenem Pfeffer	
gerebeltem Oregano	würzen, auf dem Pizzateig verteilen
150 g gekochten Schinken	in Streifen schneiden
200 g Scampi (ohne Schale)	unter fließendem kaltem Wasser abspülen, trockentupfen, auf dem Teig verteilen, mit Salz, Pfeffer,
Paprika edelsüß	würzen, mit
10 Oliven, mit Paprika gefüllt	garnieren, mit Oregano bestreuen, mit
200 g geriebenem Emmentaler	bestreuen, die Pizza in den Backofen schieben
Ober-/Unterhitze	etwa 220 °C (vorgeheizt)
Heißluft	etwa 200 °C (nicht vorgeheizt)
Gas	Stufe 4–5 (vorgeheizt)
Backzeit	etwa 25 Minuten.
Tip	Sie können statt der Scampi auch Riesengarnelen oder Krabben verwenden. Nach dem Backen können Sie die Pizza mit 1–2 Eßlöffeln gehacktem Dill oder feingeschnittenem Schnittlauch bestreuen.

Pizza Margherita

Preiswert

	Für den Teig
300 g Weizenmehl	in eine Rührschüssel sieben, mit
1/2 TL Zucker	
1 Päckchen Trocken-Backhefe	
1 gestr. TL Salz	sorgfältig vermischen
150 ml lauwarmes Wasser	
3 EL Olivenöl	hinzufügen, mit dem Handrührgerät mit Knethaken zu einem geschmeidigen Teig verkneten, den Teig an einem warmen Ort so lange gehen lassen, bis er sich sichtbar vergrößert hat.
	Für den Belag
8 mittelgroße Tomaten	waschen, Stengelansätze entfernen, Tomaten in Scheiben schneiden
375 g Mozzarella	abtropfen lassen, in Scheiben schneiden
1 Bund Basilikum	abspülen, trockentupfen, die Blättchen von den Stengeln zupfen, die Blättchen in Streifen schneiden
50 g Parmesan	fein reiben
	den Teig auf einer Arbeitsfläche nochmals gut durchkneten, in 2 Portionen teilen, jede Portion rund ausrollen (Durchmesser 28 cm), auf zwei gefettete Backbleche legen, mit etwas von
8 EL Olivenöl	beträufeln, zuerst mit der Hälfte der Tomatenscheiben, dann mit der Hälfte der Mozzarellascheiben belegen, mit der Hälfte des Parmesans bestreuen, kräftig mit
Salz	
frisch gemahlenem Pfeffer	
gerebeltem Oregano	würzen, Basilikumstreifen darüberstreuen, mit 2 Eßlöffeln Olivenöl beträufeln
	die zweite Pizza ebenso belegen, ein Backblech kalt stellen
	bei Ober-/Unterhitze und Gas die Pizzen nacheinander backen, bei Heißluft können beide Backbleche gleichzeitig gebacken werden
Ober-/Unterhitze	etwa 220 °C (vorgeheizt)
Heißluft	etwa 200 °C (nicht vorgeheizt)
Gas	Stufe 4–5 (vorgeheizt)
Backzeit	etwa 15 Minuten
	nach Belieben mit frischen Basilikumblättchen bestreuen.
Tip	Anstatt Mozzarella können Sie auch jungen Gouda verwenden.

Pizza Napoli

Gut vorzubereiten

	Für den Teig
100 g Magerquark	mit
4 EL Milch	
4 EL Speiseöl	
$1^{1}/_{2}$ TL Salz	in eine Rührschüssel geben, mit dem Handrührgerät mit Rührbesen gut verrühren
200 g Weizenmehl	sieben, mit
3 TL Backpulver	vermischen, nach und nach unter die Quarkmasse geben wenn der Teig noch klebt, noch etwas Mehl darunter kneten, aus dem Teig eine Kugel formen die Kugel auf ein gefettetes Backblech legen, mit einer Teigrolle auf dem Blech ausrollen, bis das ganze Blech mit der Teigplatte bedeckt ist.
	Für den Belag
4 EL Speiseöl	
8 EL Tomatenketchup	verrühren, auf dem Teig verteilen, von
1 Dose (850 ml) Tomaten	abtropfen lassen, die Tomaten in Würfel schneiden
1 Dose (425 ml) Champignons	auf einem Sieb abtropfen lassen, Champignons in Scheiben schneiden
2 Zwiebeln	abziehen, in Scheiben schneiden Tomatenwürfel, Pilz- und Zwiebelscheiben auf dem Teig verteilen, mit
1 TL Salz	
1 TL frisch gemahlenem Pfeffer	
1 TL gerebeltem Oregano	würzen die Zutaten mit
12 Scheiben Salami	belegen, mit
100 g geraspeltem Käse	bestreuen das Backblech in den Backofen schieben
Ober-/Unterhitze	etwa 200 °C (vorgeheizt)
Heißluft	etwa 180 °C (nicht vorgeheizt)
Gas	Stufe 3–4 (vorgeheizt)
Backzeit	etwa 30 Minuten.
Tip	Wer mag, kann noch 1 Knoblauchzehe abgezogen durch die Knoblauchpresse drücken und mit dem Tomatenketchup auf die Pizza geben. Nach dem Backen können Sie die Pizza mit in Streifen geschnittenen Basilikumblättchen bestreuen.

Zigeuner-Pizza

Einfach

Für den Teig

300 g Weizenmehl	in eine Rührschüssel sieben, mit
1 Päckchen Trocken-Backhefe	
1/2 TL Zucker	sorgfältig vermischen
4 EL Speiseöl	
1 gestr. TL Salz	
150 ml lauwarmes Wasser	hinzufügen, mit dem Handrührgerät mit Knethaken zuerst auf der niedristen, dann auf der höchsten Stufe zu einem glatten Teig verarbeiten den Teig an einem warmen Ort so lange gehen lassen, bis er sich sichtbar vergrößert hat den Teig auf der Arbeitsfläche nochmals gut durchkneten den Teig halbieren, jede Teighälfte zu einer runden Platte (Durchmesser 26 cm) ausrollen, auf zwei gefettete Backbleche legen, ein Backblech kalt stellen.

Für den Belag

2 Zwiebeln	
2 Knoblauchzehen	abziehen, fein würfeln, in
3 EL Olivenöl	andünsten
1 Dose (400 g) Pizza-Tomaten	hinzufügen, mit
Salz	
frisch gemahlenem Pfeffer	
gerebeltem Oregano	würzen, etwa 5 Minuten kochen lassen
1 rote, 1 gelbe, 1 grüne Paprikaschote	halbieren, entstielen, entkernen, die weißen Scheidewände entfernen, die Schoten waschen, in Streifen schneiden
5 Tomaten	waschen, Stengelansätze entfernen, Tomaten in Scheiben schneiden
100 g Champignons	putzen, mit Küchenpapier abreiben, evtl. abspülen, in Scheiben schneiden zuerst die Sauce auf den Pizzen verteilen, danach Paprikastreifen, Tomaten- und Champignonscheiben auf die Pizzen verteilen, mit Salz, Pfeffer, Oregano,
200 g geriebenem Pizza-Käse	belegen das Backblech in den Backofen schieben bei Ober-/Unterhitze und Gas die Pizzen nacheinander backen, bei Heißluft können beide Backbleche gleichzeitig gebacken werden
Ober-/Unterhitze	etwa 220 °C (vorgeheizt)
Heißluft	etwa 200 °C (nicht vorgeheizt)
Gas	etwa Stufe 4–5 (vorgeheizt)
Backzeit	etwa 15 Minuten.

Pizza Karneval

	Für den Teig
300 g Weizenmehl	in eine Rührschüssel sieben, in die Mitte eine Vertiefung drücken
20 g frische Hefe	hineinbröckeln, etwas von
150 ml lauwarmem Wasser	
1/2 TL Zucker	hinzufügen, die Hefe sorgfältig verrühren, etwa 10 Minuten gehen lassen, den Rest des Wassers mit
1 gestr. TL Salz	
4 EL Olivenöl	hinzufügen, mit dem Handrührgerät mit Knethaken zunächst auf niedrigster, dann auf höchster Stufe zu einem Teig verarbeiten den Teig an einem warmen Ort gehen lassen, bis er sich sichtbar vergrößert hat auf der Arbeitsfläche nochmals gut durchkneten, auf einem gefetteten Backblech ausrollen.
	Für den Belag
1 Päckchen (370 g) Tomatenpüree (mit Kräutern)	auf dem Teig verteilen
1 Dose (195 g) Champignons	abtropfen lassen, in Scheiben schneiden
1 gelbe Paprikaschote	
1 grüne Paprikaschote	halbieren, entstielen, entkernen, die weißen Scheidewände entfernen, vierteln, die Schoten waschen, in Streifen schneiden
125 g Salami (verschiedene Sorten)	in Würfel oder kleine Scheiben schneiden
250 g Cocktailtomaten	entstielen, waschen, trockentupfen, halbieren
4 Frühlingszwiebeln	putzen, waschen, in Ringe schneiden, die fünf Zutaten auf der Pizza verteilen, mit
Salz	
frisch gemahlenem Pfeffer	
Paprika edelsüß	
gerebeltem Oregano	würzen
20 Perlzwiebeln (aus dem Glas)	
10 Oliven, mit Paprika gefüllt	abtropfen lassen, die Pizza damit garnieren
125 g Mozzarella	abtropfen lassen, in Scheiben schneiden
100 g Schweizer Käse	reiben beide Käsesorten auf der Pizza verteilen das Backblech in den Backofen schieben
Ober-/Unterhitze	200–220 °C (vorgeheizt)
Heißluft	180–200 °C (nicht vorgeheizt)
Gas	Stufe 4–5 (vorgeheizt)
Backzeit	etwa 25 Minuten.

Salamipizza

(Foto)

Preiswert

125 g Weizenmehl	in eine Rührschüssel sieben
125 g Roggenmehl	hinzugeben, vermischen, in die Mitte eine Vertiefung drücken
20 g frische Hefe	hineinbröckeln
1 TL Salz	
1/2 TL Zucker	dazugeben, 3–4 Eßlöffel von
200 ml lauwarmem Wasser	hinzugeben, vorsichtig verrühren und etwa 10 Minuten gehen lassen
2 EL Olivenöl	und den Rest des Wassers hinzufügen, mit dem Handrührgerät mit Knethaken in etwa 5 Minuten zu einem Teig verarbeiten, an einem warmen Ort gehen lassen, bis der Teig sich sichtbar vergrößert hat den Teig nochmals kurz durchkneten, auf einem gefetteten Backblech ausrollen, mit
3 EL Olivenöl	bestreichen
250 g Zwiebeln	abziehen, halbieren, in Streifen schneiden, in
2 EL Olivenöl	unter Rühren dünsten lassen
1 Päckchen (500 g) pürierte Tomaten	
3 EL Tomatenmark	unterrühren, mit
Salz frisch gemahlenem Pfeffer gerebeltem Oregano	würzen die Masse auf dem Teig verteilen
600 g Tomaten	waschen, Stengelansätze entfernen, Tomaten in Scheiben schneiden
200 g Champignons (Glas)	abtropfen lassen, in Scheiben schneiden, Tomaten- und Champignonscheiben darauf verteilen
200 g Salamischeiben	darauf verteilen, mit den Gewürzen bestreuen
250 g Gouda	in kleine Scheiben schneiden, darauf verteilen
3–4 Peperoni (Glas)	darübergeben einen mehrfach gefalteten Alustreifen vor den Teig legen, nochmals kurz gehen lassen, in den Backofen schieben
Ober-/Unterhitze	etwa 200 °C (vorgeheizt)
Heißluft	etwa 180 °C (nicht vorgeheizt)
Gas	etwa Stufe 4 (vorgeheizt)
Backzeit	etwa 25 Minuten.
Tip	Mit den Zwiebeln können Sie 1 abgezogene, feingewürfelte Knoblauchzehe andünsten.

Pizza mit Quarkbelag

250 g Weizenmehl	in eine Rührschüssel sieben, mit
2 TL Trocken-Backhefe	sorgfältig vermischen
3 EL Speiseöl	
1/2 TL Salz	
1/2 TL Zucker	
125 ml (1/8 l) lauwarmes Wasser	hinzufügen, mit dem Handrührgerät mit Knethaken zu einem glatten Teig verkneten, den Teig an einem warmen Ort so lange gehen lassen, bis er sich sichtbar vergrößert hat, den Teig durchkneten, auf einem gefetteten Backblech rund ausrollen
250 g Speisequark	
200 g Schafskäse	mit einer Gabel zerbröckeln, mit
2 Eiern	verrühren, mit
Salz, Pfeffer	
Oregano	abschmecken, auf dem Teig verteilen
4 Tomaten	waschen, die Stengelansätze entfernen, die Tomaten in Scheiben schneiden, mit
50 g Salamischeiben	auf der Käse-Creme verteilen, mit Salz, Pfeffer, Oregano bestreuen
100 g Emmentaler	reiben, über die Pizza streuen, in den Backofen schieben
Ober-/Unterhitze	etwa 220 °C (vorgeheizt)
Heißluft	etwa 200 °C (nicht vorgeheizt)
Gas	etwa Stufe 4 (vorgheizt)
Backzeit	etwa 20 Minuten.

Feurig-scharfe Pizza

	Für den Teig
300 g Weizenmehl	in eine Rührschüssel sieben, mit
1 Päckchen Trocken-Backhefe	sorgfältig vermischen
1/2 TL Zucker	
4 EL Speiseöl	
1 gestr. TL Salz	
150 ml lauwarmes Wasser	hinzufügen, alles mit einem Handrührgerät mit Knethaken zuerst auf der niedrigsten, dann auf der höchsten Stufe zu einem Teig verarbeiten, den Teig an einem warmen Ort gehen lassen, bis er sich sichtbar vergrößert hat, auf der Arbeitsfläche nochmals gut durchkneten, den Teig halbieren, jede Teighälfte zu einer runden Platte ausrollen (Durchmesser 26 cm), auf zwei Backbleche legen, ein Backblech kalt stellen.
	Für den Belag
80 g Tomatenmark	auf dem Teig verteilen
150 g Salamischeiben	in Viertel schneiden, auf die Pizza geben
2 in Scheiben geschnittene, gedünstete Gemüsezwiebeln	darauf verteilen, die Hälfte von
4 Scheiben Ananas (Dose)	abtropfen lassen, halbieren, auf dem Belag anordnen, je

6 Peperoni (aus dem Glas) 10 schwarze Oliven	darauf legen, mit
Cayennepfeffer gerebeltem Oregano	bestreuen, mit
200 g geriebenem Schweizer Käse	bestreuen
	das Backblech in den Backofen schieben
	bei Ober-/Unterhitze und Gas die Pizzen nacheinander backen, bei Heißluft können beide Backbleche gleichzeitig gebacken werden
Ober-/Unterhitze	etwa 220 °C (vorgeheizt)
Heißluft	etwa 200 °C (nicht vorgeheizt)
Gas	Stufe 4–5 (vorgeheizt)
Backzeit	etwa 15 Minuten.

Hackfleischtaschen

(etwa 12 Stück)

Für Gäste

	Für den Teig
300 g Weizenmehl (Type 550)	mit
1 Päckchen Backpulver	mischen, in eine Rührschüssel sieben
150 g Speisequark 100 ml Milch 100 ml Speiseöl 1 Prise Salz	hinzufügen, die Zutaten mit den Knethaken des Handrührgerätes auf höchster Stufe in etwa 1 Minute zu einem Teig verarbeiten, anschließend auf der bemehlten Arbeitsfläche zu einer Rolle formen
1 kleine Zwiebel	abziehen, in feine Würfel schneiden
1 gelbe Paprikaschote	halbieren, entstielen, entkernen, die weißen Scheidewände entfernen, die Schoten waschen, in kleine Würfel schneiden
20 g Butter	zerlassen, die Zwiebel- und Paprikawürfel darin andünsten
250 g Gehacktes (halb Rind-, halb Schweinefleisch	hinzufügen, anbraten
2 Tomaten	kurze Zeit in kochendes Wasser legen (nicht kochen lassen), in kaltem Wasser abschrecken, enthäuten, die Stengelansätze herausschneiden, die Tomaten in Würfel schneiden, zu dem Fleisch geben
3 EL gehackte Kräuter, Pfeffer	hinzugeben, die Masse auskühlen lassen
150 g saure Sahne	unterheben, den Teig ausrollen, rund ausstechen (Durchmesser 12–15 cm), jeweils auf eine Teighälfte etwa 1 Eßlöffel von der Hackfleischmasse geben, die Teigränder mit
aufgeschlagenem Eiweiß	bestreichen, zusammenklappen
1 Ei	mit
2 EL Milch	verschlagen, die Oberfläche damit bestreichen
Ober-/Unterhitze	etwa 200 °C (vorgeheizt)
Heißluft	etwa 180 °C (nicht vorgeheizt)
Gas	etwa Stufe 4 (vorgeheizt)
Backzeit	etwa 25 Minuten.

Tomaten-Zucchini-Pizza

(Foto)

	Für den Teig
300 g Weizenmehl	in eine Rührschüssel sieben, von
150 ml Wasser	3 Eßlöffel abnehmen
20 g frische Hefe	mit
etwas Zucker	und den 3 Eßlöffeln Wasser verrühren, etwa 10 Minuten gehen lassen
100 g Butterschmalz	restliches Wasser, Hefe,
1 TL Salz	hinzufügen, mit dem Handrührgerät mit Knethaken in etwa 5 Minuten zu einem glatten Teig verarbeiten, den Teig an einem warmen Ort zugedeckt gehen lassen, bis er sich sichtbar vergrößert hat, den Teig auf der Arbeitsfläche nochmals gut durchkneten.
	Für den Belag
700 g Tomaten	abspülen, Stengelansätze entfernen
500 g Zucchini	putzen, waschen, die Enden abschneiden, Tomaten und Zucchini in Scheiben schneiden ein Backblech mit
Butterschmalz	einfetten, den Teig darauf ausrollen, Tomaten- und Zucchinischeiben abwechselnd schuppenförmig darauf verteilen, mit
Salz, Pfeffer je 1 EL feingehackten Majoran, Thymian	bestreuen
2 Eier 1 Becher (150 g) Crème fraîche	verrühren, darüber verteilen das Backblech auf der mittleren Schiene in den Backofen schieben
Ober-/Unterhitze	etwa 200 °C (vorgeheizt)
Heißluft	etwa 180 °C (nicht vorgeheizt)
Gas	etwa Stufe 4 (vorgeheizt)
Backzeit	30–35 Minuten.

Frischkäse-Taschen

(Etwa 10 Stück)

4 Platten (250 g) tiefgekühlten Blätterteig	abgedeckt bei Zimmertemperatur auftauen lassen
100 g Cornichons 150 g rohen Schinken	in feine Würfel schneiden, unter
150 g Frischkäse mit Kräutern	rühren, die Teigplatten aufeinanderlegen, (nicht verkneten) auf der leicht bemehlten Arbeitsfläche dünn ausrollen, rund ausstechen (Durchmesser etwa 10 cm), die Frischkäsecreme darauf geben, zu Halbkreisen zusammenlegen, die Ränder gut andrücken
1 Eigelb	mit
1 TL Milch	verschlagen, die Teigoberfläche damit bestreichen, auf ein mit Wasser befeuchtetes Backblech geben
Ober-/Unterhitze	etwa 200 °C (vorgeheizt)
Heißluft	etwa 180 °C (nicht vorgeheizt)
Gas	etwa Stufe 4 (vorgeheizt)
Backzeit	15–20 Minuten.

Möhrenkuchen

Preiswert

	Für den Teig
275 g	
Weizenmehl	in eine Schüssel sieben
125 g	
Butterschmalz	in kleinen Stückchen dazugeben,
1/2 TL Salz	
5–6 EL Wasser	hinzugeben
	mit dem Handrührgerät mit Knethaken zu einem glatten Teig verarbeiten
	den Teig mindestens 30 Minuten im Kühlschrank ruhen lassen.
	Für den Belag
500 g junge	
Möhren	putzen, schälen, waschen, in Scheiben schneiden, in
30 g	
Butterschmalz	andünsten, mit
100 ml	
Gemüsebrühe	ablöschen, bei mittlerer Hitze in etwa 5 Minuten bißfest garen, auf eine Sieb geben
2 Stangen	
Porree (Lauch)	putzen, halbieren, waschen, in dünne Ringe schneiden
100 g gekochten	
Schinken	würfeln
	die Hälfte des Teiges auf einem Springformboden (Durchmesser 26 cm, Boden gefettet) ausrollen
	1/4 davon als Rand, etwa 2 cm hoch an den Springformrand drücken, die Möhrenscheiben zusammmen mit den Lauchringen und den Schinkenwürfeln auf dem Teig verteilen
100 g geriebenen	
Emmentaler	mit
200 ml	
Schlagsahne	
1 Prise Zucker	
Salz	
frisch	
gemahlenem	
Pfeffer	
etwas	
Knoblauchpulver	verrühren, über das Gemüse geben
	den restlichen Teig ausrollen, mit einem Kuchenrädchen in 2 cm breite Streifen schneiden
	damit den Kuchen gitterförmig belegen
1 Eigelb	mit
1 EL Milch	verquirlen, die Teigstreifen damit bestreichen
	die Form auf dem Rost in den Backofen schieben
Ober-/Unterhitze	180–200 °C (vorgeheizt)
Heißluft	160–180 °C (nicht vorgeheizt)
Gas	Stufe 3–4 (vorgeheizt)
Backzeit	etwa 35 Minuten.
Tip	Statt Knoblauchpulver können Sie auch 1 durchgepreßte Knoblauchzehe verwenden. Geschmacklich verändern können Sie den Belag, wenn Sie 1–2 Eßlöffel gehackte Petersilie oder Dill unterrühren.

Blätterteighörnchen

(Etwa 12 Stück)

1 Packung (300 g) tiefgekühlten Blätterteig	abgedeckt bei Zimmertemperatur auftauen lassen, die Platten dabei nebeneinander legen
200 g mit Paprika gefüllte Oliven	grob zerkleinern, mit
100 g geriebenem, mittelaltem Gouda	mischen, mit
gemahlenem Pfeffer	würzen, Blätterteigplatten aufeinanderlegen, auf der leicht bemehlten Arbeitsfläche zu einem Rechteck ausrollen, daraus Dreiecke mit etwa 15 cm Seitenlänge ausschneiden, mit
etwas Schlagsahne	bestreichen, die Ränder frei lassen Oliven-Käse-Masse darauf geben und von der breiten Seite zur Spitze hin aufrollen, die Enden zusammendrücken, in Hörnchenform biegen und mit
etwas Schlagsahne	bestreichen Hörnchen etwa 15 Minuten kalt stellen, auf ein mit kaltem Wasser abgespültes Backblech legen
Ober-/Unterhitze	etwa 200 °C (vorgeheizt)
Heißluft	etwa 180 °C (nicht vorgeheizt)
Gas	Stufe 3–4 (vorgeheizt)
Backzeit	12–15 Minuten.

Edelpilz-Nuß-Törtchen

Für Gäste

1 Packung (300 g) tiefgekühlten Blätterteig	abgedeckt bei Zimmertemperatur auftauen lassen, anschließend etwa 3 mm dick ausrollen, kleine Tortenförmchen fetten, Kreise ausstechen (um 1/3 größer als der Durchmesser der Förmchen) und die Förmchen damit auskleiden
150 g Edelpilzkäse	durch ein Sieb streichen, mit
50 g gehackten Walnußkernen	
3 Eigelb	(1 Teelöffel zurückbehalten)
125 g Speisequark (40 %)	verrühren, in die Teigförmchen füllen, aus den Teigresten dünne Streifen schneiden, als Gitter über die Füllung legen, restliches
Eigelb	mit
1 EL Wasser	verschlagen, die Teigoberfläche damit bestreichen, auf der untersten Schiene in den Backofen schieben
Ober-/Unterhitze	etwa 220 °C (vorgeheizt)
Heißluft	etwa 200 °C (nicht vorgeheizt)
Gas	etwa Stufe 5 (vorgeheizt)
Backzeit	etwa 30 Minuten.

Empanadas

Gut vorzubereiten

	Für den Teig
200 g Weizenvollkornmehl	mit
100 g Maismehl	
100 g Butter	
1 Ei	
1–2 EL Wasser	
1/4 TL Salz	zu einem festen Teig verkneten, bei Zimmertemperatur etwa 1 Stunde ruhen lassen.
	Für die Füllung
1 Zwiebel	abziehen, würfeln
2 Knoblauchzehen	abziehen, fein würfeln
250 g Fleischtomaten	kurze Zeit in heißes Wasser legen (nicht kochen lassen), in kaltem Wasser abschrecken, enthäuten, die Stengelansätze herausschneiden, die Tomaten in Würfel schneiden
10 schwarze Oliven	entsteinen, fein hacken
100 g alten Gouda	fein reiben
2 EL Olivenöl	erhitzen, Zwiebeln darin anbraten, Knoblauch, Tomaten, Oliven
1 Tasse (250 ml) rote Bohnenkeimlinge	
2 EL Tomatenmark	dazugeben, verrühren, in etwa 10 Minuten zu einer sämigen Masse dünsten lassen, mit einem Kartoffelstampfer etwas zerdrücken, mit dem Käse,
1 gehackten Peperonischote	
2 EL gehackter Petersilie	verrühren, mit
Salz	
frisch gemahlenem Pfeffer	abschmecken, den Teig etwa 1/2 cm dick ausrollen, runde Teigplatten von etwa 12 cm Durchmesser ausstechen, die Füllung jeweils in die Mitte geben, Kreise zu Halbkreisen zusammenklappen, die Ränder andrücken
1 Eigelb	mit
1 EL Milch	verschlagen, die Teigtäschchen mit der Eigelb-Milch bestreichen, auf ein gefettetes Backblech legen
Ober-/Unterhitze	etwa 200 °C (vorgeheizt)
Heißluft	etwa 180 °C (nicht vorgeheizt)
Gas	etwa Stufe 4 (vorgeheizt)
Backzeit	15–20 Minuten
	die Empanadas heiß oder kalt servieren.
Tip	Wenn keine Bohnenkeimlinge erhältlich sind, können Sie Sojabohnenkeimlinge oder Zucchiniwürfel verwenden.

Empanadas mit Thunfisch

(10 Stück)

Raffiniert

1 Päckchen (450 g) Blätterteig (10 Scheiben)	auftauen lassen, inzwischen
2 Zwiebeln	abziehen und würfeln, in
2 EL erhitztem Speiseöl	in einer Pfanne hellgelb dünsten
1 Bund glatte Petersilie	abspülen, trockentupfen, fein hacken
200 g Thunfisch (aus der Dose, ohne Öl)	zerpflücken, mit der Petersilie,
1 kleinen Dose Mais (Abtropfgewicht 140 g)	untermischen
	Blätterteigscheiben zur Hälfte mit der Füllung belegen, am Rand mit Wasser bestreichen, dann übereinanderlegen, die Teigränder fest aufeinanderdrücken
1 Eigelb	mit
2 EL Milch	verschlagen, Blätterteig damit bestreichen, auf ein mit Wasser abgespültes Backblech in den Backofen schieben
Ober-/Unterhitze	etwa 200 °C (vorgeheizt)
Heißluft	etwa 180 °C (nicht vorgeheizt)
Gas	etwa Stufe 4 (vorgeheizt)
Backzeit	etwa 20 Minuten.
Tip	Empanadas (in Spanien nimmt man dazu einen Knetteig mit Hefe) können Sie auch sehr gut mit einem Rest Ragout füllen.

Gemüseplätzchen

(8 Stück)

8 Scheiben viereckigen tiefgefrorenen Blätterteig	auftauen lassen
150 g Frühstücksschinken oder durchwachsenen Speck	würfeln, in
20 g Butter	in einer Pfanne auslassen, dann unter
250 g gegartes Gemüse, z. B. Weißkohl, Erbsen, Bohnenkeimlinge	mischen
	Blätterteigscheiben (eventuell mit einem großen gezackten Förmchen Durchmesser 10 cm ausstechen), zur Hälfte mit dem Gemüse füllen, die Ränder des Teiges mit
kaltem Wasser	bestreichen, dann den Teig zusammenklappen, Teigränder fest aufeinanderdrücken, die Plätzchen mit
Sahne oder etwas Eigelb	bestreichen, auf ein mit Wasser abgespültes Backblech legen, in den Backofen schieben
Ober-/Unterhitze	180–200 °C (vorgeheizt)
Heißluft	160–180 °C (nicht vorgeheizt)
Gas	Stufe 3–4 (vorgeheizt)
Backzeit	etwa 15 Minuten.

Strudelröllchen

Für den Teig

250 g Weizenmehl in eine Rührschüssel sieben

$^1/_2$ TL Salz
100 ml lauwarmes Wasser
1 kleines Ei
1 EL Speiseöl hineingeben, die Zutaten mit Handrührgerät mit Knethaken kurz auf niedrigster, dann auf höchster Stufe durcharbeiten, anschließend auf der bemehlten Arbeitsfläche zu einem glatten Teig verkneten, ihn auf Pergamentpapier in einen heißen, trockenen Kochtopf legen (vorher Wasser darin kochen), mit einem Deckel verschließen, etwa 30 Minuten ruhen lassen.

Für die Füllung

200 g Möhren putzen, schälen, waschen, grob raspeln

1 Stange Porree (Lauch) (etwa 200 g)
2 Stangen Staudensellerie (etwa 100 g)
beide Zutaten putzen, waschen, in schmale Streifen schneiden

250 g Champignons putzen, mit Küchenpapier abreiben, evtl. abspülen, in Scheiben schneiden

1 Zwiebel abziehen, würfeln

3 El Speiseöl erhitzen, die Zwiebelwürfel darin andünsten, das Gemüse hinzufügen, mit

Salz, Pfeffer
1 TL getrockneten italienischen Kräutern würzen, 3–5 Minuten dünsten, abkühlen lassen

375 g Thüringer Mett mit

2 Eiern verrühren, unter das Gemüse rühren, nochmals mit Salz, Pfeffer abschmecken

den Strudelteig in 8 Portionen teilen (jeweils den Teig, der noch nicht ausgerollt wird, im Topf lassen), jedes Teigstück auf einem bemehlten Tuch (Handtuch) dünn ausrollen, mit den Händen zu einem Rechteck von 18 x 25 cm ausziehen, mit

etwas Speiseöl bestreichen, auf die Hälfte der längeren Seite $^1/_8$ der Füllung geben (an den kürzeren Seiten etwa 1 cm Teig frei lassen), den Teig mit Hilfe des Tuches, mit der Füllung beginnend, aufrollen, an den Enden gut zusammendrücken

die 8 gefüllten Strudel in eine mit

Butter gefettete Fettfangschale oder große Auflaufform legen, die Strudel mit etwas von

50 g zerlassener Butter bestreichen, die Strudel während des Backens mit der restlichen Butter bestreichen

Ober-/Unterhitze 200–220 °C (vorgeheizt)
Heißluft 180–200 °C (nicht vorgeheizt)
Gas etwa Stufe 4 (vorgeheizt)
Backzeit etwa 35 Minuten.

Calzone

Raffiniert

300 g Weizenmehl (Type 550)	in eine Rührschüssel sieben, mit
1 Päckchen Trocken-Backhefe	sorgfältig vermischen
4 EL Speiseöl **1 TL Salz** **knapp 125 ml ($^1/_8$ l) lauwarme Milch oder Wasser**	hinzufügen, mit dem Handrührgerät mit Knethaken zu einem glatten Teig verkneten, sollte der Teig kleben, noch
Weizenmehl	hinzufügen
	den Teig an einem warmen Ort so lange gehen lassen, bis er doppelt so hoch ist, nochmals durchkneten, halbieren, jede Teighälfte zu einer runden Platte ausrollen, auf ein gefettetes Backblech legen.
	Für den Belag
400 g Champignons (Dose)	abtropfen lassen, in Scheiben schneiden
5 Tomaten	kurze Zeit in kochendes Wasser legen (nicht kochen lassen), mit kaltem Wasser abschrecken, enthäuten, Stengelansätze herausschneiden, die Tomaten in Scheiben schneiden
200 g Salami	in Scheiben schneiden
350 g Maasdamer **100 g Schinkenspeck**	beide Zutaten in Würfel schneiden
1 Zwiebel	abziehen, in Ringe schneiden
8 EL Tomatenmark	mit
2 EL Semmelbröseln	verrühren, mit
Salz **frisch gemahlenem Pfeffer** **Paprika edelsüß** **Knoblauchsalz**	würzen, die beiden Teigplatten mit der Masse bestreichen, die Tomatenscheiben darauf verteilen, mit Salz, Pfeffer, Paprika edelsüß, Knoblauchsalz bestreuen Champignons, Salami, Käse, Schinken, Zwiebelringe darauf verteilen, mit Pfeffer, Paprika edelsüß,
gehacktem Oregano	bestreuen, die Teigplatten zur Hälfte zusammenklappen, gut festdrücken, die Oberfläche mit
Speiseöl	bestreichen, mit Oregano bestreuen
	die Calzone nochmals an einem warmen Ort gehen lassen, dann in den Backofen schieben
Ober-/Unterhitze	220–250 °C (vorgeheizt)
Heißluft	200–230 °C (nicht vorgeheizt)
Gas	etwa Stufe 5 (vorgeheizt)
Backzeit	20–30 Minuten.

Lamm-Pie in Roggenkruste

	Für den Teig
125 ml (1/8 l) Wasser	mit
100 g Butter	
1/2 TL Salz	zum Kochen bringen, in eine Rührschüssel geben, mit
180 g Weizenmehl	
120 g Roggen-vollkornschrot	
1 Ei	mit dem Handrührgerät mit Knethaken zu einem Teig verarbeiten, den Teig in Frischhaltefolie wickeln, etwa 60 Minuten ruhen lassen.
	Für die Füllung
5 g getrocknete Steinpilze	nach Gebrauchsanleitung in
100 ml heißem Wasser	einweichen
400 g Lammfleisch (aus der Keule)	unter fließendem kaltem Wasser abspülen, trockentupfen, in Streifen schneiden
3 EL Speiseöl	erhitzen, Lammfleisch rundherum anbraten, mit
1 TL gerebeltem Thymian	
Salz	
frisch gemahlenem Pfeffer	würzen
1 kleinen Spitzkohl (800 g)	putzen, halbieren, vierteln, Strunk entfernen, Spitzkohl in Streifen schneiden, waschen
1 Zwiebel	abziehen, in Würfel schneiden
2 EL Speiseöl	erhitzen, Zwiebel darin andüsten, Spitzkohl zugeben, kurz dünsten, mit Salz, Pfeffer würzen
125 ml (1/8 l) Gemüsebrühe	hinzufügen
150 g Schafskäse	zerbröckeln, mit dem Kohl vermischen, eingeweichte Pilze auf einem Sieb abtropfen lassen
1 TL Kümmel	hinzufügen, evtl. vorhandene Flüssigkeit abgießen
	die Masse in eine gefettete Pie- oder Auflaufform geben
	den Teig etwa 2 cm größer als die Form ausrollen
	den Formrand mit Wasser einstreichen
	die Teigdecke darauf legen, etwas andrücken, überstehenden Rest abschneiden
	die Teigdecke mehrmals mit einer Gabel einstechen, mit
etwas Wasser	bestreichen
	aus den Teigresten beliebige Formen formen, auf den Teig legen
	die Form auf dem Rost in den Backofen schieben
Ober-/Unterhitze	etwa 200 °C (vorgeheizt)
Heißluft	etwa 180 °C (nicht vorgeheizt)
Gas	Stufe 3–4 (vorgeheizt)
Backzeit	etwa 40 Minuten.

Kaninchen-Pie mit Champignons

Für den Teig

150 g Weizenmehl
1/2 TL Backpulver auf eine Arbeitsfläche sieben
50 g kalte Butter
1 Eigelb
4 EL kaltes Wasser dazugeben, alles rasch zu einem glatten Teig verkneten, den Teig in Folie gewickelt etwa 30 Minuten im Kühlschrank ruhen lassen.

Für das Ragout

3 Kaninchenrücken (à 400 g) evtl. enthäuten, das Fleisch von den Knochen lösen, Bauchlappen abtrennen, das Fleisch unter fließendem kaltem Wasser abspülen, trockentupfen, das Fleisch in 2 x 2 cm große Würfel schneiden, die Knochen zerkleinern, mit
Salz, Pfeffer würzen
2 Zwiebeln abziehen, fein würfeln, von
8 EL Olivenöl drei Eßlöffel Öl erhitzen, Knochen und Bauchlappen darin bei starker Hitze anbraten, Zwiebelwürfel hinzugeben, mitschmoren lassen
250 ml (1/4 l) Weißwein
125 ml (1/8 l) Fleischbrühe angießen, etwa 20 Minuten kochen lassen, auf ein Sieb geben, den Sud auffangen

200 g Champignons putzen, mit Küchenpapier abreiben, evtl abspülen, Champignons in Scheiben schneiden, das restliche Olivenöl in dem Topf erhitzen, die Fleischwürfel rundherum anbraten, mit Salz, Pfeffer bestreuen
20 g Weizenmehl darüberstäuben, den Fond mit
150 ml Schlagsahne auf 375 ml (3/8 l) auffüllen, zu dem Fleisch geben, einmal aufkochen lassen, mit Salz, Pfeffer abschmecken
1 Bund glatte Petersilie abspülen, trockentupfen, die Blätter von den Stengeln zupfen, fein hacken, mit den Champignonscheiben unterrühren, das Ragout mit Salz, Pfeffer abschmecken, in eine flache, feuerfeste Pie-Form füllen
den Teig in der Größe der Pie-Form ausrollen
1 Eigelb verquirlen, den Rand der Form damit bestreichen, den Teig als Deckel darauflegen, die Ränder gut andrücken, aus den Teigresten Motive ausstechen und darauflegen
die Oberfläche mit Eigelb bestreichen, 2–3 Löcher in den Deckel stechen, damit der Dampf entweichen kann, die Form auf dem Rost in den Backofen schieben
Ober-/Unterhitze etwa 200 °C (vorgeheizt)
Heißluft etwa 180 °C (nicht vorgeheizt)
Gas etwa Stufe 3–4 (vorgeheizt)
Backzeit etwa 25 Minuten.

Gemüse-Schinken-Pie

Raffiniert

200 g geräucherten Schinken	in kleine Würfel schneiden
1 Zwiebel	abziehen, fein hacken
300 g Porree (Lauch)	putzen, halbieren, waschen, in 1 cm breite Ringe schneiden
200 g Möhren	putzen, schälen, waschen, in Stifte schneiden
200 g Blumenkohl	von Blättern, schlechten Stellen und dem Strunk befreien, Blumenkohl waschen, abtropfen lassen, in Röschen teilen
2 EL Speiseöl	in einem chinesischen Wok erhitzen, Schinkenwürfel darin goldgelb dünsten, Porree, Möhren und Blumenkohlröschen dazugeben, andünsten, mit
125 ml (1/8 l) Gemüsebrühe	aufgießen und zugedeckt in etwa 10 Minuten fast gar werden lassen
1 Glas (190 g) Champignons	abtropfen lassen, in Scheiben schneiden, hinzufügen, evtl. mit
Salz frisch gemahlenem Pfeffer	abschmecken
2 Eier 150 g (1 Becher) Schmand 1 EL gehackte Petersilie	hinzufügen, alles in eine Pie-Form (Durchmesser 28 cm) füllen
300 g Blätterteig (tiefgekühlt)	nach Vorschrift auftauen lassen, die Scheiben aufeinanderlegen, zu einem Deckel mit Durchmesser 32 cm ausrollen
1 Eigelb	mit
1 EL Milch	verquirlen, den Pieformrand damit bestreichen, Blätterteig auflegen, fest auf den Pieformrand andrücken, überstehenden Teig abschneiden und Verzierungen ausstechen, den Deckel mit dem verquirltem Eigelb bestreichen, 2–3 Löcher ausstechen, damit der Dampf entweichen kann, die Form auf dem Rost, unterste Schiene, in den Backofen schieben
Ober-/Unterhitze	200–220 °C (vorgeheizt)
Heißluft	180–200 °C (nicht vorgeheizt)
Gas	Stufe 4–5 (vorgeheizt)
Backzeit	etwa 25 Minuten.
Tip	Die Gemüsezusammenstellung können Sie beliebig der Jahreszeit entsprechend variieren. Zum Beispiel: 1. Möhren, Wirsing und Champignons; 2. Tomaten, Paprika und Frühlingszwiebeln; 3. Tomaten, Brokkoli und Champigons.

Blumenkohl-Blätterteig-Pie

1 kleinen (600 g) Blumenkohl	von Blättern, schlechten Stellen und Strunk befreien, in Röschen zerteilen, waschen
500 ml (1/2 l) Salzwasser	zum Kochen bringen, Blumenkohlröschen hineingeben, zum Kochen bringen 8 Minuten kochen lassen, auf ein Sieb geben
2 Zwiebeln	abziehen, fein würfeln, in
40 g Butter	andünsten
150 g Champignons	putzen, mit Küchenpapier abreiben, evtl. waschen, in Scheiben schneiden, in der Butter andünsten
1 EL Weizenmehl	darüberstäuben, durchdünsten
1 Becher (150 g) Crème fraîche	
1 EL Zitronensaft	hinzufügen, gut unterrühren, einmal aufkochen lassen
300 g Kartoffeln	
180 g Möhren	putzen, schälen, waschen, in kleine Würfel schneiden
30 g Butter	zerlassen, Kartoffel- und Möhrenwürfel darin andünsten
100 ml Gemüsebrühe	dazugeben, etwa 10 Minuten kochen lassen, dann die Blumenkohlröschen, Champignons,
100 g Erbsen (tiefgekühlt)	dazugeben, umrühren, kurz dünsten lassen, mit
Salz	
frisch gemahlenem Pfeffer	abschmecken, in eine Pieform (Durchmesser 28 cm) geben, mit
2 EL Semmelbröseln	bestreuen
300 g (5 Platten) Blätterteig, tiefgekühlt	nach Vorschrift auftauen lassen, die Scheiben übereinanderlegen, zu einem Deckel (Durchmesser 32 cm) ausrollen
1 Eigelb	mit
1 EL Milch	verrühren, den Pieformrand damit einstreichen, Blätterteig auflegen, fest auf den Pieformrand andrücken überstehenden Teig abschneiden, hieraus Verzierungen für den Deckel schneiden oder ausstechen, 2–3 Löcher aus dem Teigdeckel ausstechen, Verzierungen auf dem Teigdeckel anordnen, Deckel und Verzierungen mit verquirltem Eigelb bestreichen, Form auf dem Rost auf der unteren Schiene in den Backofen schieben
Ober-/Unterhitze	etwa 200 °C (vorgeheizt)
Heißluft	etwa 180 °C (nicht vorgeheizt)
Gas	Stufe 3–4 (vorgeheizt)
Backzeit	etwa 25 Minuten.

Kartoffel-Pie

Gut vorzubereiten

400 g Weizenmehl	
1 TL Backpulver	in eine Rührschüssel sieben
100 g Schweineschmalz	
75 g kalte Butter	
1 Ei	
1 Eiweiß	
1 TL Salz	
1/4 TL Zucker	hinzufügen, mit dem Handrührgerät mit Knethaken zunächst auf niedrigster, dann auf höchster Stufe gut durcharbeiten, anschließend auf der Arbeitsfläche zu einem glatten Teig verkneten und 30 Minuten kalt stellen
800 g Kartoffeln	waschen, in Salzwasser zum Kochen bringen und in etwa 20 Minuten garkochen, abgießen und pellen, erkalten lassen, in Scheiben schneiden
250 g durchwachsenen Speck	in Würfel schneiden
2 EL Speiseöl	erhitzen, die Speckwürfel darin andünsten
	den Teig nochmals kurz durchkneten und 2/3 davon rund ausrollen, eine gefettete Pieform (Durchmesser 28 cm) damit auskleiden, Rand hochziehen
1 Becher (200 ml) Schlagsahne	mit
3 Eiern	
Salz	
frisch gemahlenem Pfeffer	
geriebener Muskatnuß	verrühren
1 EL gehackten Majoran	
1 EL feingeschnittenen Schnittlauch	
1 EL gehackte, glatte Petersilie	unterheben, die Kartoffelscheiben abwechselnd mit den Speckwürfeln auf den Teig verteilen, dabei sparsam salzen, darüber die Eiersahne geben
	den Rest des Teiges in der Größe der Form rund ausrollen und darauf legen
	eventuelle Teigreste nochmals ausstechen, auf der Teigoberfläche anordnen
1 Eigelb	mit
1 EL Wasser	verrühren und die Teigoberfläche, die Taler einstreichen
	in der Mitte ein Loch ausstechen, damit der Dampf entweichen kann, die Form auf den Rost in den Backofen schieben
Ober-/Unterhitze	180–200 °C (vorgeheizt)
Heißluft	160–180 °C (nicht vorgeheizt)
Gas	Stufe 3–4 (vorgeheizt)
Backzeit	etwa 25 Minuten.

Dinkelpastete

	Für den Teig
320 g Weizenmehl	in eine Rührschüssel geben
1 Eigelb	
1 TL Salz	
160 g Butter	hinzufügen
	die Zutaten mit den Knethaken des Handrührgerätes zunächst kurz auf niedrigster, dann auf höchster Stufe kurz durcharbeiten, anschließend auf der Arbeitsfläche zu einem glatten Teig verkneten, sollte er kleben, ihn eine Zeitlang (30 Minuten) abgedeckt kalt stellen.
	Für die Füllung
200 g Dinkel	über Nacht in
350 ml Wasser	einweichen
1 Zwiebel	
2 Knoblauchzehen	beide Zutaten abziehen, fein hacken, zu dem Dinkel geben, aufkochen, 30 Minuten im geschlossenen Topf bei kleiner Heizstufe garen, abkühlen lassen, mit
2 Eiern	verrühren
1 Bund Frühlingszwiebeln	putzen, waschen, in feine Röllchen schneiden
150 g Ziegenkäse	zerbröckeln
120 g Äpfel	schälen, vierteln, entkernen, würfeln
70 g gemahlene Haselnußkerne	
2 EL Grünkernschrot	
	die Zutaten unter die Dinkelmasse rühren, mit
Salz	
frisch gemahlenem Pfeffer	
gerebeltem Thymian	abschmecken
	den Teig nochmals durchkneten, dann ausrollen, eine Pastetenform (oder Kastenform 24 x 10 cm) mit dem Teig auslegen, mit einem Löffel die Hälfte der Füllung in die Form geben, dabei die Füllung festdrücken, so daß keine Hohlräume entstehen
120 g grüne Bohnen	putzen, evtl. abfädeln, waschen, abgetropft auf die Füllung legen, dann den Rest der Füllung in der Form verteilen, die Füllung kann ruhig in der Mitte der Form über den Rand hinausgehen, aus dem restlichen Teig eine passende Deckplatte ausrollen, auf die Füllung legen und fest an den Außenrändern andrücken, zwei Kamine in die Deckplatte schneiden, mit
Milch	bestreichen, auf der unteren Schiene in den Backofen schieben
Ober-/Unterhitze	etwa 180 °C (vorgeheizt)
Heißluft	etwa 160 °C (nicht vorgeheizt)
Gas	etwa Stufe 3 (vorgeheizt)
Backzeit	etwa 60 Minuten
	die Pastete vor dem Anschneiden mindestens 60 Minuten ruhen lassen.

Hirtenpastete

600 g Lammfleisch (Schulter) unter fließendem kaltem Wasser abspülen, trockentupfen, in kleine Würfel schneiden, in
3 EL Speiseöl anbraten
1 Gemüsezwiebel abziehen, in Würfel schneiden, in das Öl geben, mitbraten lassen
1 Fleischtomate abspülen, den Stengelansatz entfernen, Tomate kleinschneiden, zu dem Fleisch und den Zwiebeln geben, unter Rühren etwa 5 Minuten schmoren
100 g Möhrenwürfel
100 g Kartoffelwürfel in das Ragout geben, mit
200 ml Lammfond etwa 35 Minuten, bei nicht zu starker Hitze kochen, mit
Salz
frisch gemahlenem Pfeffer
Paprikapulver pikant würzen
das Ragout in eine flache, feuerfeste Form (30 x 40 cm) füllen
1 Packung (300 g) Blätterteig nebeneinander auftauen lassen
1 Ei verquirlen
die Teigplatten übereinander legen, zu einer großen Platte (32 x 42 cm) ausrollen
den Rand der Form ebenfalls mit Ei bestreichen, den ausgerollten Blätterteig darüberlegen, fest an den Rand drücken, in die Mitte der Pastete zwei 1 1/2 cm große Löcher ausstechen, damit der Dampf entweichen kann
den Blätterteigdeckel mit Ei bestreichen, überstehenden Teig abschneiden, Form auf dem Rost in den Backofen schieben
Ober-/Unterhitze 180–200 °C (vorgeheizt)
Heißluft 160–180 °C (nicht vorgeheizt)
Gas etwa Stufe 4 (vorgeheizt)
Backzeit etwa 25–30 Minuten.
Tip Die Teigreste dicht nebeneinander setzen, dünn ausrollen, Figuren ausstechen, die Pastete damit verzieren, mit Eigelb bestreichen und dann backen.
Sie können das Lammfleisch und den Lammfond auch durch Rindfleisch und Rinderbrühe ersetzen,

Schinkenpastete

Raffiniert

	Für den Teig
400 g Weizenmehl (Type 550)	auf eine Arbeitsfläche sieben, in die Mitte eine Vertiefung drücken
200 g kalte Butter	in Stückchen schneiden, mit
1 TL Salz	
2 Eiern	mit dem Handrührgerät mit Knethaken zu einem glatten Teig verkneten, kalt stellen.
	Für die Füllung
600 g gepökeltes Schweinefleisch ohne Knochen (aus der Keule)	
200 g fetten Speck	würfeln und durch die grobe, anschließend durch die feine Scheibe des Fleischwolfes drehen
2 Zwiebeln	abziehen, würfeln, in
25 g Butter	glasig dünsten, mit
100 ml Madeira	ablöschen, sirupartig einkochen, abkühlen lassen, zur Fleischmasse geben
2 Eier	
50 g Pistazienkerne	
1 Becher (150 g) Crème fraîche	unter die Farce rühren, mit
Salz, Pfeffer	
gemahlenem Piment	
geriebener Muskatnuß	würzen, kalt stellen
250 g gepökelte Rinderzunge	in daumendicke Stücke schneiden, etwa $^3/_4$ des Teiges auf einer bemehlten Arbeitsfläche zu einem Rechteck von 50 x 30 cm etwa $^1/_2$ cm dick ausrollen, eine gefettete Kastenform damit auslegen, an den Kanten und Ecken gut zusammendrücken, die Fleischfarce etwa 3 cm hoch einfüllen, die Zungenstreifen in die Mitte legen, die restliche Farce darauf geben, glattstreichen, den restlichen Teig dünn ausrollen, einen Deckel von 30 x 11 cm ausschneiden und auflegen, Öffnungen für den Dampfabzug ausstechen, aus den Teigresten Blättchen schneiden
1 Eiweiß	verschlagen, damit die Blättchen auf der Teigoberfläche festkleben aus Alufolie 2 Röllchen formen und als „Kamin" in die Öffnungen stecken
1 Eigelb	mit
2 EL Schlagsahne	verschlagen, die Teigoberfläche damit bestreichen
Ober-/Unterhitze	etwa 180 °C (vorgeheizt)
Heißluft	etwa 150 °C (nicht vorgeheizt)
Gas	Stufe 2–3 (vorgeheizt)
Backzeit	etwa 50 Minuten bei Zimmertemperatur auskühlen lassen
3 Blatt Gelatine, weiß	in kaltem Wasser einweichen, gut ausdrücken, bei schwacher Hitze in
4 EL Portwein	auflösen
250 ml ($^1/_4$ l) Portwein	hinzufügen, in einer Schüssel im

(Fortsetzung Seite 74)

Eiswasserbad kalt rühren, kurz vor dem Festwerden durch den „Kamin" eingießen, die Pastete kalt stellen, das Gelee fest werden lassen, mit einem Messer vorsichtig vom Formrand lösen, auf eine Platte geben.

Kürbis-Pie

Raffiniert

Für den Teig

250 g Weizenmehl (Type 550) in eine Rührschüssel sieben
1 TL Salz hinzugeben
125 g kalte Butter in Flöckchen dazugeben, Mehl und Butter zwischen den Händen krümelig reiben, unter Rühren tropfenweise
5 EL kaltes Wasser dazugeben, zu einem geschmeidigen Teig verarbeiten
zugedeckt etwa 30 Minuten kalt stellen.

Für den Belag

750 g Kürbisfleisch (geschält, entkernt) in Würfel schneiden, in
250 ml ($^{1}/_{4}$ l) trockenem Apfelwein (Cidre) in etwa 5 Minuten weichdünsten, anschließend gut abtropfen lassen, im Mixer grob pürieren

2 verschlagene Eier
1 Becher (150 g) Crème fraîche
$^{1}/_{2}$ TL Cayennepulver
1 TL Currypulver
Saft von 1 Zitrone darunterrühren
300 g gekochten Schinken würfeln, unter die Kürbismasse ziehen
den Teig dünn ausrollen, Boden und Rand einer flachen, großen Pie-Form (30 cm Durchmesser) damit auskleiden
die Kürbismischung hineinfüllen, glattstreichen, mit
3 EL geschälten Kürbiskernen bestreuen

Ober-/Unterhitze etwa 200 °C (vorgeheizt)
Heißluft etwa 180 °C (nicht vorgeheizt)
Gas etwa Stufe 3–4 (vorgeheizt)
Backzeit etwa 45 Minuten

Tip Das Rezept reicht für 6–8 Personen, wenn die Pie zum Aperitif serviert wird; als Abendessen ist sie ausreichend für 4 Personen.
Damit Sie den Arbeitsablauf von Pies besser verstehen können, ist dieses Rezept im Ratgeber auf Seite 115 mit Phasenfotos erklärt.

Spaghetti-Gemüse-Pastete mit Käsesauce

250 g Vollkorn-spaghetti	in kochendes Salzwasser geben, etwa 10 Minuten kochen lassen, abgießen, mit kaltem Wasser abschrecken, abtropfen lassen
750 g Möhren	putzen, schälen, waschen, in Scheiben schneiden
50 g Butter	zerlassen, Möhren hinzufügen, mit
Salz	würzen, etwas Wasser hinzufügen, etwa 15 Minuten garen, gut die Hälfte davon pürieren, mit den anderen Möhren vermengen
4 Eier	mit
150 g (1 Becher) Crème fraîche	
3 EL Maismehl	verrühren, unter die Möhrenmischung rühren
2 EL gehackte Petersilie	unterheben, mit Salz,
frisch gemahlenem Pfeffer	würzen
400 g kleine Champignons	putzen, mit Küchenpapier abreiben, evtl. abspülen, in Scheiben schneiden
3 EL Sonnenblumenöl	erhitzen, Champignons darin dünsten, Salz, Pfeffer zugeben, etwa 5 Minuten dünsten, bis die Flüssigkeit verdampft ist
150 g Tofu	in kleine Würfel schneiden, mit den Pilzen unter die Möhrenmasse heben
	eine runde, kuppelförmige, feuerfeste Form oder eine Auflaufform mit aufgetrennten Bratschlauch auslegen, mit
2 EL Sonnenblumenöl	ausfetten, Spaghetti spiralförmig auf Boden und Wand der Schüssel legen, dabei nach und nach die Möhrenfüllung hineingeben und andrücken, damit die Spaghetti an der Wand der Schüssel haften bleiben, ist die Füllung ganz eingeschichtet,
100 g geriebenen Gouda	darüberstreuen
	die Form auf dem Rost in den Backofen schieben
Ober-/Unterhitze	180–200 °C (vorgeheizt)
Heißluft	160–180 °C (nicht vorgeheizt)
Gas	Stufe 4–5 (vorgeheizt)
Backzeit	etwa 50 Minuten
	etwa 10 Minuten abkühlen lassen, dann auf einen großen Teller stürzen, Bratfolie abziehen.

Für die Käsesauce

250 ml (1/4 l) Schlagsahne	etwas einkochen lassen
125 g Weinbergkäse	hinzufügen, bis er sich gelöst hat, Käsesauce mit
Salz	
frisch gemahlenem Pfeffer	abschmecken, zu der Pastete reichen.

Hähnchenbrust „La Fontaine"

Für Gäste

Für die Füllung

4 Hähnchen-brustfilets	unter fließendem kaltem Wasser abspülen, trockentupfen, mit
Salz frisch gemahlenem Pfeffer gerebeltem Thymian	würzen, in
40 g Butterschmalz	von allen Seiten gut anbraten, etwas abkühlen lassen
1 Zwiebel	abziehen, in kleine Würfel schneiden
4 enthäutete, entkernte Tomaten	in kleine Würfel schneiden
1 Glas (230 g) Champignons	abtropfen lassen, kleinschneiden
1 Bund glatte Petersilie	abspülen, trockentupfen, fein hacken
	Zwiebelwürfel in die heiße Pfanne geben, glasig dünsten Champignons und Tomaten dazugeben, kurz dünsten, Petersilie hinzufügen, mit
Salz frisch gemahlenem Pfeffer gerebeltem Thymian	abschmecken, kalt stellen.

Für den Teig

1 Packung (300 g) Blätterteig (tiefgekühlt)	bei Zimmertemperatur auftauen lassen (nicht durchkneten) übereinanderlegen, auf einer bemehlten Arbeitsplatte zu einem großen Rechteck (30 x 35 cm) ausrollen
4 Scheiben Kochschinken	darauf legen, mit der Pilz-Tomaten-Masse bestreichen, dabei die Ränder 2 cm frei lassen, darauf die Hähnchenbrustfilets legen, Blätterteig herumschlagen, Ränder gut andrücken, evtl. aus den Resten kleine Motive ausstechen und auf den Blätterteig legen
	2–3 Löcher ausstechen, damit der Dampf entweichen kann
1 Eigelb	mit
1 EL Milch	verrühren, den Blätterteig damit bestreichen, auf ein mit kaltem Wasser abgespültes Backblech legen, in den Backofen schieben
Ober-/Unterhitze	etwa 200 °C (vorgeheizt)
Heißluft	etwa 180 °C (nicht vorgeheizt)
Gas	etwa Stufe 4 (vorgeheizt)
Backzeit	etwa 30 Minuten
	die Pastete aus dem Backofen nehmen, mit dem elektrischen Messer in Scheiben schneiden.

Griechische Schafskäsepastete

Für den Teig

400 g Weizenmehl in eine Rührschüssel sieben, in die Mitte eine Vertiefung drücken
1 TL Zucker hinzufügen
20 g frische Hefe hineinbröckeln, etwas von
200 ml lauwarmem Wasser darübergeben, vorsichtig verrühren, mit etwas Mehl bedecken, etwa 10 Minuten an einem warmen Ort gehen lassen, das restliche Wasser,
1 Ei
3 EL Olivenöl
1 TL Salz hinzufügen, mit dem Handrührgerät mit Knethaken zu einem geschmeidigen Teig verarbeiten, an einem warmen Ort so lange gehen lassen, bis sich der Teig sich sichtbar vergrößert hat.

Für die Füllung

1 kg Spinat verlesen, dicke Stiele abschneiden, die Blätter waschen, abtropfen lassen
2 Zwiebeln abziehen, fein würfeln
1 Knoblauchzehe abziehen, würfeln
4 EL Olivenöl erhitzen, die Zwiebelwürfel darin andünsten, den Spinat und den Knoblauch hinzufügen, mit
Salz, Pfeffer
geriebener Muskatnuß würzen, gar dünsten lassen
300 g Schafskäse zerbröckeln, mit dem Spinat vermengen
2 Eier verquirlen, unterrühren
2/3 des Hefeteiges auf einer bemehlten Arbeitsfläche zu einer runden Platte ausrollen
eine flache gefettete Pie-Form (Durchmesser 28 cm) damit auslegen, den Rand etwa 1 cm überstehen lassen
die Spinatmasse gleichmäßig daraufgeben, den Rand über die Füllung legen, mit etwas
verschlagenem Eigelb bestreichen
den restlichen Teig in Größe der Pie-Form ausrollen, auf die Pastete legen, die Ränder gut andrücken, in die Mitte des Deckels mit einem runden Ausstechförmchen (Durchmesser 2 cm) ein Loch ausstechen, den Rand mit einem dünnen Teigröllchen verstärken, aus den Teigresten Blätter formen
1 Eigelb mit
1 EL Wasser verschlagen, die Pastetenoberfläche damit bestreichen, mit den Blättern verzieren, ebenfalls bestreichen die Pastete etwa 10 Minuten an einem warmen Ort gehen lassen
die Form auf dem Rost in den Backofen schieben
Ober-/Unterhitze etwa 200 °C (vorgeheizt)
Heißluft etwa 180 °C (nicht vorgeheizt)
Gas etwa Stufe 4 (vorgeheizt)
Backzeit etwa 35 Minuten
die Pastete lauwarm servieren.

Schweinefiletpastete

Für den Teig

300 g Weizenmehl in eine Rührschüssel sieben, mit
1 Ei
1/2 Eigelb
1/2 Eiweiß
Salz
1 EL kaltem Wasser
100 g Schweineschmalz mit dem Handrührgerät mit Knethaken zu einem glatten Teig verkneten, den Teig etwa 1 Stunde kalt stellen.

Für die Füllung

400 g Schweinefilet unter fließendem kaltem Wasser abspülen, trockentupfen, evtl. enthäuten
2 EL Speiseöl erhitzen, das Fleisch von allen Seiten darin anbraten, mit
Salz
Pfeffer
gerebeltem Majoran würzen, das Fleisch erkalten lassen
2 Zwiebeln abziehen, würfeln
100 g durchwachsenen Speck würfeln
beide Zutaten im Bratfett dünsten
1 Brötchen in Wasser einweichen, gut ausdrücken
750 g Thüringer Mett
2 Eier
1/2 Becher (75 g) Crème fraîche
evtl. 1 TL Pastetengewürz
2 EL Pinienkerne
3 EL Madeira
alle Zutaten zu der Speck-Zwiebel-Masse geben, gut verkneten, evtl. mit Salz, Pfeffer würzen
knapp 3/4 des Teiges in der Größe einer Kastenform (35 x 11 cm) ausrollen, die gefettete Form damit auslegen, den Teig an den Kanten und Ecken gut zusammendrücken, die Hälfte der Fleischmasse hineingeben, glattstreichen
das angebratene Schweinefilet mit
125 g in dünne Scheiben geschnittenem Speck umwickeln, auf die Fleischmasse legen (in die Mitte), die restliche Fleischmasse darauf geben, glattstreichen, den überstehenden Teig über die Füllung schlagen, die Teigränder mit
1/2 Eiweiß bestreichen, aus dem restlichen Teig eine Decke in der Größe der Kastenformoberfläche ausrollen, auf die Füllung legen, fest andrücken, in der Mitte der Pastetenoberfläche 2–3 Löcher ausstechen, damit beim Backen der Dampf entweichen kann
aus den Teigresten Figuren ausstechen oder ausschneiden, mit

1/2 verschlagenem Eigelb bestreichen, auf die Pastetenoberfläche kleben, die Form auf dem Rost in den Backofen schieben

Ober-/Unterhitze 180–200 °C (vorgeheizt)
Heißluft 160–180 °C (nicht vorgeheizt)
Gas Stufe 3–4 (vorgeheizt)
Backzeit etwa 1 1/4 Stunden

die Pastete etwas ruhen lassen, dann aus der Form nehmen und in Scheiben schneiden.

Tofu-Linsen-Pastetchen

Für die Pastetchen

300 g Blätterteig (tiefgekühlt) auftauen lassen, inzwischen

375 ml (3/8 l) Gemüsebrühe aufkochen

200 g rote Linsen
1 TL frische Thymianblättchen hinzugeben, zugedeckt bei geringer Hitze 10–15 Minuten köcheln, abtropfen lassen, 2 Eßlöffel davon beiseite stellen

250 g Tofu etwa 5 Minuten im kaltem Wasser ruhen lassen, dann in 2 cm große Würfel schneiden, mit den Linsen mischen, mit

3 EL Sojasauce
Pfeffer
etwas abgeriebener Zitronenschale (unbehandelt)
1/2 TL gemahlenem Koriander abschmecken

1 Bund glatte Petersilie abspülen, trockentupfen, die Blättchen von den Stengeln zupfen, fein hacken, auf die Linsen geben

die Blätterteigplatten aufeinander legen, auf einer leicht bemehlten Arbeitsfläche ausrollen

12 gleichmäßige Quadrate von etwa 10 x 10 cm ausschneiden

die Ränder mit etwas Wasser befeuchten

jeweils etwas Tofu-Linsen-Mischung auf die Teigstücke setzen, je 4 Stücke zu Dreiecken, Säckchen oder Briefumschlägen zusammenfalten, die Ränder festdrücken

aus den Teigresten Dekorationen formen, ausschneiden, die Dekoration mit etwas Wasser an den Pastetchen festkleben, auf ein mit kaltem Wasser abgespültes Backblech legen

1 Ei mit
2 EL Milch verrühren, die Pastetchen damit einpinseln, mit

50 g Sesamsamen bestreuen, in den Backofen schieben

Ober-/Unterhitze etwa 200 °C (vorgeheizt)
Heißluft etwa 180 °C (nicht vorgeheizt)
Gas etwa Stufe 4 (vorgeheizt)
Backzeit 15–20 Minuten

die zurückgelassenen Linsen darüberstreuen.

Zucchini-Tomaten-Pastete

500 g Zucchini	putzen, Enden abschneiden, waschen, mit einem Sparschäler längs in dünne Scheiben schneiden
	portionsweise in
6–8 EL Olivenöl	anbraten, mit
Salz	
frisch gemahlenem Pfeffer	würzen
2–3 Knoblauchzehen	abziehen, durch die Knoblauchpresse drücken, über die Zucchinischeiben geben, eine kleine Kastenform (30 x 11 cm) mit den Zucchinischeiben so auslegen, daß die Enden überstehen
4 mittelgroße Tomaten	in kochendes Wasser legen (nicht kochen lassen), enthäuten, Stengelansätze entfernen, entkernen, Tomaten in große Stücke schneiden
200 g Schafskäse	zerbröckeln
3 Eier	mit
1 Becher (150 g) Schmand oder saurer Sahne	verrühren, mit Salz, Pfeffer würzen, Tomatenstücke und Schafskäse unterheben
1 Topf Basilikum	waschen, trocknen, in Streifen schneiden, unter die Masse heben, alles auf die Zucchini geben, mit den überstehenden Zucchini belegen
	die Form auf den Rost in den Backofen schieben
Ober-/Unterhitze	180–200 °C (vorgeheizt)
Heißluft	160–180 °C (nicht vorgeheizt)
Gas	Stufe 3–4 (vorgeheizt)
Backzeit	etwa 50 Minuten
	die Pastete etwa 10 Minuten ruhen lassen, dann auf eine Platte stürzen und in Scheiben schneiden.

Blätterteigpasteten mit Hähnchenragout

	Für das Ragout
300 g gegartes Hähnchenbrustfilet	in kleine Würfel schneiden
1 Glas (170 g) Champignons	abtropfen lassen, in feine Scheiben schneiden
200 g Spargel	an den Enden schälen, in Salzwasser 8–10 Minuten gar kochen, auf ein Sieb geben, die Flüssigkeit auffangen
	Spargel in Stücke schneiden
30 g Butter	zerlassen
20 g Weizenmehl	unterrühren, bis die Schwitze goldgelb ist
	das Spargelwasser mit
Wasser	auf 250 ml (1/4 l) ergänzen, hinzufügen, zum Kochen bringen, etwa 5 Minuten kochen lassen
1 EL Tomatenketchup	
1 EL Zitronensaft	hinzugeben, mit
Salz	
gemahlenem Pfeffer	

Zucker	abschmecken
	die Hähnchenbrustwürfel, Champignonscheiben, Spargelstücke hinzufügen
1 EL Kräuter	unterrühren
4 Blätterteigpasteten	nach Vorschrift auf der Packung aufbacken, die Füllung hineingeben, mit
Zitronenachteln	servieren.

Königinpastete

500 g Kalbfleisch	unter fließendem kaltem Wasser abspülen, in
1 l kochendes Salzwasser	geben
2 Möhren	putzen, waschen, schälen, in grobe Stücke schneiden
2 Zwiebeln	abziehen, halbieren, mit
2 Lorbeerblättern	
6 Pfefferkörnern	zu dem Kalbfleisch geben, zum Kochen bringen, etwa 1 Stunde garen
	das Fleisch herausnehmen, etwas abkühlen lassen, die Brühe aufbewahren
125 g Bratwurstmasse	zu haselnußgroßen Klößchen formen, in kochendes Salzwasser geben, in etwa 3 Minuten gar ziehen lassen, auf ein Sieb geben
200 g Champignonscheiben (aus der Dose)	
200 g Spargelköpfe (aus der Dose)	auf ein Sieb geben, evtl. etwas zerkleinern.
	Für die Sauce
60 g Butter	zerlassen,
40 g Weizenmehl	unter Rühren so lange darin erhitzen, bis es hellgelb ist
375 ml ($^{3}/_{8}$ l) Kalbsbrühe	
125 ml ($^{1}/_{8}$ l) Schlagsahne	hinzugießen, mit einem Schneebesen durchschlagen, die Sauce zum Kochen bringen, etwa 5 Minuten kochen lassen, mit
Salz	
frisch gemahlenem Pfeffer	
etwas Zitronensaft	
etwas Worcestersauce	
Zucker	abschmecken
1 Eigelb	mit etwas von der Sauce verrühren, in die Sauce geben, nicht mehr kochen lassen
	das Kalbfleisch in kleine Würfel schneiden, mit den Klößchen, Champignons und Spargel unter die Sauce heben, erhitzen
8 Blätterteigpasteten (fertig gekauft)	nach Gebrauchsanleitung auf der Packung im Backofen aufbacken
	die Füllung in die Pasteten füllen, die Deckel darauf legen, sofort servieren.

Gemüseecken mit Käsesauce

Für Gäste

250 g Weizenmehl	in eine Rührschüssel sieben, in die Mitte eine Vertiefung drücken
20 g frische Hefe	zerbröckeln, in die Vertiefung geben
1 TL Zucker	
3 EL lauwarmes Wasser	über die Hefe geben, leicht verrühren
1 TL Salz	
frisch gemahlenen Pfeffer	
4 EL Speiseöl	
5 EL lauwarmes Wasser	hinzufügen, mit dem Handrührgerät mit Knethaken zunächst auf niedrigster, dann auf höchster Stufe zu einem Teig verarbeiten den Teig so lange an einem warmen Ort stehen lassen, bis er sicht sichtbar vergrößert hat, den Teig auf der Arbeitsfläche nochmals gut durchkneten, den Teig halbieren, auf zwei gefetteten Backblechen ausrollen.
	Für den Belag
3 Eier	verschlagen, mit
knapp 1 EL Salz	
gemahlenem Pfeffer	verrühren
2 Knoblauchzehen	abziehen, durch die Knoblauchpresse drücken
100 g geriebenen Emmentaler	
1 Becher Crème fraîche	
125 ml (1/8 l) Schlagsahne	
2 EL gehackte Kräuter	hinzugeben, gut verrühren
1 Stange Porree (Lauch, 150 g)	putzen, wachen, in Ringe schneiden
2 rote Paprikaschoten (200 g)	halbieren, entstielen, entkernen, die weißen Scheidewände entfernen, die Schoten waschen, in streifen schneiden
1 Dose Mais (285 g)	abtropfen lassen Porree, Paprika und Mais mischen, auf dem Teig verteilen, die Käsesauce darübergeben bei Ober-/Unterhitze und Gas den Gemüsekuchen nacheinander backen, bei Heißluft können beide Backbleche gleichzeitig gebacken werden
Ober-/Unterhitze	etwa 200 °C (vorgeheizt)
Heißluft	etwa 180 °C (nicht vorgeheizt)
Gas	etwa Stufe 4 (vorgeheizt)
Backzeit	etwa 30 Minuten den Kuchen zweimal längs und zweimal quer halbieren, so daß Dreiecke entstehen, warm oder kalt servieren.

Lyoner Pastete

(Für 8 Personen)

250 g Weizenmehl	mit
3 TL Backpulver	in eine Rührschüssel sieben
150 g weiche Butter	
1 gestr. TL Salz	hinzufügen, nach und nach
4 Eier	mit dem Handrührgerät mit Knethaken unterrühren, zu einem geschmeidigen Teig verarbeiten
500 g gekochten Schinken	
500 g Gouda	in Würfel schneiden
150 g geputzte Champignons	mit Küchenpapier abreiben, evtl. waschen, Champignons in Scheiben schneiden, in
1 EL Butter	andünsten, mit
125 g Crème double	zu dem Teig geben
1 Bund Petersilie	abspülen, trockentupfen, die Blättchen von den Stengeln zupfen, kleinschneiden
1 Bund Schnittlauch	abspülen, trockentupfen, in kleine Röllchen schneiden, mit den Schinken- und Käsewürfeln zu dem Teig geben, gut verrühren die Masse in eine gefettete, mit Backpapier ausgelegte Kastenform (35 x 11 cm) füllen die Form auf dem Rost in den Backofen schieben
Ober-/Unterhizte	180–200 °C (vorgeheizt)
Heißluft	160–180 °C (nicht vorgeheizt)
Gas	Stufe 3–4 (vorgeheizt)
Backzeit	etwa 60 Minuten.

Bauernpastete

500 g grobe Bratwurst	aus der Haut herausdrücken, in eine heiße Pfanne geben, unter ständigem Wenden gut durchbraten, aus der Pfanne nehmen
500 g Äpfel	schälen, in Achtel schneiden, das Kerngehäuse entfernen
30 g Butter	in einem Topf zerlassen, die Äpfel hineingeben, zugedeckt kurz andünsten lassen
500 g gekochte Kartoffeln	pellen, in Würfel schneiden
1 mittelgroße Zwiebel	abziehen, fein hacken beide Zutaten in das ausgebratene Fett von der Bratwurstmasse geben, gleichmäßig anbraten die so vorbereiteten Kartoffeln und Äpfel sowie die Bratwurstmasse nacheinander in eine Pasteten- oder Auflaufform schichten
2 Eier	
125 ml (1/8 l) Milch	verquirlen, mit
1 TL Salz	
1 Msp. Paprika	würzen, über die eingeschichteten Zutaten gießen die Pastete in den Backofen auf die untere Schiene geben
Ober-/Unterhitze	180–200 °C (vorgeheizt)
Heißluft	160–180 °C (nicht vorgeheizt)
Gas	Stufe 3–4 (vorgeheizt)
Backzeit	etwa 30 Minuten.

Gemüsepastete

	Für den Teig
400 g Weizenmehl	in eine Rührschüssel sieben
200 g kalte Butter	in Flöckchen darauf verteilen
1 Ei	
1 gestr. TL Salz	hinzufügen, mit dem Handrührgerät mit Knethaken zu einem Teig verarbeiten, evtl.
2 EL Wasser	hinzufügen
	den Teig in Klarsichtfolie etwa 1 Stunde ruhen lassen.

	Für den Belag
300 g Blumenkohlröschen	
300 g Brokkoliröschen	putzen, abspülen, in kochendem Salzwasser, etwa 8 Minuten kochen, auf ein Sieb geben
150 g tiefgekühlte Erbsen	in Salzwasser etwa 3 Minuten garen, auf ein Sieb geben
2 Stangen Porree (Lauch)	putzen, halbieren, in Streifen schneiden
3 Zwiebeln	abziehen, in Würfel schneiden
30 g Butter	zerlassen, Zwiebelwürfel und Porreestreifen darin andünsten
	das Gemüse mischen, mit
Salz, Pfeffer	würzen
4 Eier	mit
250 ml (1/4 l) Schlagsahne	verrühren, mit Salz, Pfeffer,
Muskatnuß	würzen
1 EL gehackten Kerbel	
1 EL gehackte Petersilie	
100 g geriebenen Emmentaler	unterrühren
	den Teig in drei Teile teilen, 1/3 des Teiges auf einem gefetteten Springformboden (Durchmesser 28 cm) ausrollen, mehrmals mit einer Gabel einstechen, Springformring herumlegen, auf dem Rost in den Backofen schieben
Ober-/Unterhitze	180–200 °C (vorgeheizt)
Heißluft	160–180 °C (nicht vorgeheizt)
Gas	Stufe 3–4 (vorgeheizt)
Backzeit	etwa 15 Minuten
	aus 1/3 des Teiges eine Rolle formen, sie als Rand auf den vorgebackenen Teigboden legen, so an die Form drücken, daß ein etwa 3 cm hoher Rand entsteht
20 g Semmelbrösel	auf dem Boden verteilen
	das Gemüse mit der Eier-Käse-Sahne vermischen, auf dem Teig verteilen, aus dem letzten Teigstück eine runde Platte in der Größe der Springform ausrollen, auf das Gemüse legen, mehrmals mit einer Gabel einstechen, damit die Flüssigkeit verdampfen kann
1 Eigelb	mit
2 EL Wasser	verschlagen, die Oberfläche damit bestreichen
	die Form auf dem Rost in den Backofen schieben
Ober-/Unterhitze	180–200 °C
Heißluft	160–180 °C
Gas	Stufe 3–4
Backzeit	etwa 45 Minuten.

Fischpastete mit Spinatfüllung

(Für 6–8 Personen)

	Für den Teig
450 g Weizenmehl	in eine Rührschüssel sieben, mit
100 g Butterschmalz	
1 gestr. TL Salz	
2 Eiern	
6 EL Wasser	mit dem Handrührgerät mit Knethaken zu einem geschmeidigen Teig verarbeiten, den Teig abgedeckt etwa 30 Minuten kühl stellen.
	Für die Füllung
500 g geräucherte Forellenfilets	in Streifen schneiden, von
250 ml (1/4 l) Schlagsahne	die Hälfte erhitzen
120 g Toastbrot	von der Rinde befreien, mit der heißen Sahne übergießen, ziehen lassen
1 Zwiebel	abziehen, fein würfeln Forellenfiletstreifen, Zwiebelwürfel, restliche Schlagsahne mit
2 Eiern	pürieren
1 Zitrone (unbehandelt)	abreiben, die Zitrone auspressen 3 Eßlöffel Zitronensaft, Zitronenschale
2 EL Sherry	
Salz	
Pfeffer	unter die Forellenfarce geben
2 Eiweiß	steif schlagen, mit dem eingeweichten Toastbrot unter die Fischfarce ziehen
500 g Spinat	verlesen, waschen, gut abtropfen lassen
1 Knoblauchzehe	abziehen, fein würfeln die Knoblauchwürfel im restlichen Butterschmalz andünsten, den Spinat hinzugeben, umrühren, mit Salz abschmecken, auf einem Sieb erkalten lassen eine Kastenform von 30 x 11 cm mit
Butterschmalz	ausfetten, mit dem Teig auskleiden die Hälfte der Fischfarce einfüllen, den Spinat der Länge nach in die Mitte der Fischfarce legen, den Rest der Farce darüber glattstreichen, mit dem Teig verschließen, etwas Teig für die Verzierung zurücklassen, mit einer Gabel Öffnungen einstechen
1 Eigelb	mit
1 EL Milch	verrühren, den Teigdeckel damit bestreichen, mit ausgestochenen Teigresten verzieren die Pastete in den Backofen schieben
Ober-/Unterhitze	etwa 200 °C (vorgeheizt), nach 20 Minuten etwa 180 °C
Heißluft	etwa 180 °C (nicht vorgeheizt), nach 20 Minuten etwa 160 °C
Gas	etwa Stufe 4 (vorgeheizt), nach 20 Minuten etwa Stufe 3.
Backzeit	insgesamt etwa 60 Minuten die Pastete nach etwa 10 Minuten Auskühlzeit aus der Form nehmen die kalte oder warme Pastete in Scheiben schneiden, mit
Dillzweigen	
Zitronenspalten	garniert servieren.

Spinat in Pasteten

Für Gäste

1 kg Spinat	verlesen, waschen, gut abtropfen lassen
2 mittelgroße Zwiebeln	abziehen, fein würfeln
40 g Butter	zerlassen, die Zwiebelwürfel darin andünsten den Spinat hinzufügen, kurz dünsten
2 EL Schlagsahne	unterrühren, den Spinat mit
Salz frisch gemahlenem Pfeffer geriebener Muskatnuß	abschmecken
200 g Schafskäse	in Würfel schneiden, unter den Spinat heben
30 g Butter	zerlassen
20 g Weizenmehl	unter Rühren so lange darin erhitzen, bis es hellgelb ist
250 ml (1/4 l) heiße Gemüsebrühe	hinzufügen, mit einem Schneebesen durchschlagen, darauf achten, daß keine Klumpen entstehen die Sauce zum Kochen bringen, etwa 5 Minuten kochen lassen, mit Salz, Pfeffer abschmecken
4 Blätterteigpasteten (fertig gekauft)	nach Gebrauchsanleitung auf der Packung im Backofen aufbacken
Ober-/Unterhitze	200–220 °C (vorgeheizt)
Heißluft	180–200 °C (nicht vorgeheizt)
Gas	Stufe 3–4 (vorgeheizt)
Aufwärmzeit	etwa 5 Minuten die Pasteten mit Spinat und Käse füllen
50 g geröstete Pinienkerne	darauf verteilen etwas Sauce darüber verteilen (darauf achten, daß nicht zuviel über den Rand läuft, da sonst die Pasteten weich werden), die Deckel lose auflegen, die restliche Sauce dazureichen, sofort servieren.

Pastetchen mit dreierlei Füllung

(8 Stück)

8 Blätterteigplatten (tiefgekühlt)	10 Minuten antauen lassen, auf ein mit Back-Trennpapier ausgelegtes Blech legen, in den Backofen schieben
Ober-/Unterhitze	etwa 240 °C (vorgeheizt)
Heißluft	etwa 220 °C (nicht vorgeheizt)
Gas	etwa Stufe 5 (vorgeheizt)
Backzeit	etwa 15 Minuten.
	Für die Fleischfüllung
1 Zwiebel	abziehen, würfeln
1 EL Butter	zerlassen, die Zwiebelwürfel darin anbraten
300 g Rindergehacktes	hinzufügen, unter ständigem

	Rühren braun braten
100 g gemischte, gesalzene Röstnüsse	grob hacken, zu dem Fleisch geben, mit
3 EL Crème fraîche	
2 EL Weinbrand	verrühren, mit
gemahlenem Pfeffer	würzen
1 Ei	verschlagen, unterziehen.

Für die Tomaten-Paprika-Füllung

2 rote Paprikaschoten	mit
1 TL Speiseöl	einreiben, auf Alufolie legen, auf dem Rost in den vorgeheizten Backofen schieben
Ober-/Unterhitze	etwa 250 °C
Heißluft	etwa 220 °C
Gas	Stufe 5–6
Bratzeit	etwa 20 Minuten die Paprikaschoten ab und zu wenden, bis die Schale Blasen zeigt und sich bräunlich verfärbt, Paprika herausnehmen, mit einem feuchten Tuch bedecken, abkühlen lassen, die Schalen von den Schoten ziehen, die Schoten halbieren, entstielen, entkernen, die weißen Scheidewände entfernen, die Paprikaschoten in große Würfel schneiden
500 g Tomaten	kurze Zeit in kochendes Wasser geben (nicht kochen lassen), in kaltem Wasser abschrecken, enthäuten, die Stengelansätze herausschneiden, die Tomaten in Achtel schneiden, mit den Paprikawürfeln,
50 g zerbröckeltem Schafskäse	in einer Pfanne dick einkochen lassen
100 g geriebenen Edamer	
2 EL Crème fraîche	unterziehen, bei kleiner Hitze schmelzen lassen, mit
gemahlenem Pfeffer	
geriebener Muskatnuß	abschmecken
1 Ei	unterrühren.

Für die Zucchini-Salat-Füllung

500 g Zucchini	waschen, Enden abschneiden, die Zucchini raspeln
2 EL Butter	zerlassen, Zucchini darin etwa 15 Minuten dünsten lassen, von
1 Kopfsalat	die äußeren Blätter entfernen, die übrigen Blätter in Streifen schneiden, waschen, abtropfen lassen, zu den Zucchini geben, weitere 5 Minuten dünsten lassen, bis das Gemüse gar und die Flüssigkeit verkocht ist
2 EL Crème fraîche	
100 g entrindeten Camembert in Würfeln	unterrühren, den Käse schmelzen lassen, mit Salz, Pfeffer,
geriebener Muskatnuß	würzen
1 EL gehackte Petersilie	
1 Ei	unterziehen, vor dem Servieren

(Fortsetzung Seite 92)

den Blätterteig in 5 Minuten aufbacken, Blätter innen eindrücken, so daß außen ein Teigrand stehen bleibt, die Füllungen nochmals kurz erhitzen, in die Mitte jeder Pastete die Fleischfüllung, auf eine Seite die grüne, auf die andere Seite die rote Füllung geben.

Apfel-Zwiebel-Quiche

Preiswert

Für den Teig

200 g Weizenmehl in eine Rührschüssel sieben, mit
2 TL Backpulver
1 Prise Salz vermischen
100 g Speisequark
6 EL Milch
6 EL Speiseöl hinzufügen

die Zutaten mit dem Handrührgerät mit Knethaken auf höchster Stufe in etwa 1 Minute zu einem Teig verarbeiten.

Für den Belag

150 g durchwachsenen Speck in Streifen schneiden
2 EL Speiseöl in einer Pfanne erhitzen, die Speckstreifen anbraten, herausnehmen
400 g Zwiebeln abziehen, in dünne Ringe schneiden, in dem Fett andünsten
3 säuerliche Äpfel (600 g) schälen, vierteln, das Kerngehäuse entfernen

die Apfelviertel in dünne Spalten schneiden, in
40 g zerlassener Butter andünsten
1 Becher (150 g) saure Sahne mit
1 Becher (150 g) Crème fraîche
125 ml (1/8 l) Schlagsahne
80 g geriebenem Emmentaler
3 Eiern
Salz
frisch gemahlenem Pfeffer verrühren

den Teig auf einer bemehlten Arbeitsfläche ausrollen, in eine gefettete Spring- oder Quicheform (Durchmesser 26 cm) legen, dabei einen 2 cm hohen Rand formen, die Apfelspalten abwechselnd mit der Zwiebelmasse auf dem Teig verteilen, die Speckstreifen darauf verteilen

die Eier-Sahne-Milch darübergeben, die Form auf dem Rost in den Backofen schieben

Ober-/Unterhitze 180–200 °C (vorgeheizt)
Heißluft 160–180 °C (nicht vorgeheizt)
Gas Stufe 3–4 (vorgeheizt)
Backzeit etwa 40 Minuten

1 EL Schnittlauchröllchen darauf verteilen.

Mangold-Quiche

Preiswert

	Für den Teig
300 g Weizenmehl (Type 550)	in eine Rührschüssel sieben
1/4 TL Salz	
200 g kalte Butter	in Flöckchen hinzufügen, alle Zutaten mit dem Handrührgerät mit Knethaken verkneten
6 EL kaltes Wasser	dazugeben, den Teig zur Kugel formen, in Frischhaltefolie eingewickelt im Gemüsefach des Kühlschranks etwa 30 Minuten ruhen lassen, auf einer bemehlten Arbeitsfläche zu einer runden Teigplatte (Durchmesser 35 cm) ausrollen, in eine gefettete Tarteform (Durchmesser 30 cm) legen, die Ränder fest andrücken, den Teigboden mit einer Gabel mehrfach einstechen.
	Für den Belag
	von
1 Staude Mangold (etwa 750 g)	den Wurzelansatz abschneiden, die Blätter trennen, einzeln unter fließendem Wasser gründlich abspülen, Blätter von den Stielen abtrennen, Blätter je nach Größe ein- bis zweimal längs halbieren, mit den Stielen quer in etwa 1 cm breite Streifen schneiden, in einem großen Topf Wasser mit
Salz	zum Kochen bringen, Stiele und Blätter etwa 3 Minuten darin blanchieren, gut abtropfen und abkühlen lassen, auf dem Quicheboden verteilen
200 g Crème fraîche	mit
100 ml Schlagsahne	
frisch gemahlenem Pfeffer	
Salz	verquirlen, über das Gemüse gießen
75 g Frühstücksspeck	in Streifen schneiden, mit
1 TL Kümmelsamen	auf die Quiche streuen, auf der unteren Schiene in den Backofen schieben
Ober-/Unterhitze	etwa 220 °C (vorgeheizt)
Heißluft	etwa 200 °C (nicht vorgeheizt)
Gas	Stufe 5 (vorgeheizt)
Backzeit	25–30 Minuten
	die Quiche heiß servieren.
Tip	Würzig schmeckt diese Quiche, wenn Sie sie mit viel Knoblauch (3–5 Zehen) und holländischem Ziegenkäse backen. Dazu Knoblauch abziehen, in feine Würfel schneiden, etwa 150 g Ziegenkäse reiben, beide Zutaten auf dem Mangold verteilen.

Grüne Quiche

Gut vorzubereiten

Für den Teig

200 g Weizenmehl (Type 550)	in eine Rührschüssel sieben
100 g Butter 1 Eigelb 1/2 TL Salz 2 EL kaltes Wasser	hinzufügen, die Zutaten mit dem Handrührgerät mit Knethaken zunächst auf niedrigster, dann auf höchster Stufe gut durcharbeiten, anschließend auf einer leicht bemehlten Arbeitsfläche zu einem glatten Teig verkneten, etwa 1 Stunde kalt stellen.

Für den Belag

2 Bund Frühlingszwiebeln 200 g Brokkoli	putzen, waschen, die Frühlingszwiebeln längs halbieren, den Brokkoli in kleine Röschen zerteilen, beide Zutaten in
kochendem Salzwasser	etwa 2 Minuten blanchieren, das Gemüse anschließend auf ein Sieb geben, mit kaltem Wasser übergießen, abtropfen lassen
150 g Spinat	sorgfältig verlesen, die groben Stiele entfernen, waschen, in
kochendem Salzwasser	etwa 2 Minuten blanchieren, mit kaltem Wasser übergießen, gut ausdrücken, mit
3 Bund gemischten, abgespülten Kräutern	pürieren oder fein hacken
4 Eier 200 ml Schlagsahne 150 g geriebenen mittelalten Gouda	unterrühren, mit
Salz frisch gemahlenem Pfeffer geriebener Muskatnuß	abschmecken, den Teig zwischen Folie zu einer runden Platte ausrollen (Durchmesser etwa 30 cm), eine mit
Butter oder Margarine	eingefettete Quicheform (Durchmesser 26 cm) damit auslegen
200 g mageren, milden Schinken	in kleine Würfel schneiden, mit Frühlingszwiebeln und Brokkoliröschen auf den Teigboden geben, Spinat-Käse-Masse darübergeben, mit
2 EL Pinienkernen	bestreuen
Ober-/Unterhitze	etwa 200 °C (vorgeheizt)
Heißluft	etwa 180 °C (nicht vorgeheizt)
Gas	Stufe 3–4 (vorgeheizt)
Backzeit	etwa 30 Minuten.

Speckkuchen

(Foto)

	Für den Teig
250 g Weizenmehl	in eine Rührschüssel sieben, mit
100 g Butterschmalz	
75 ml Wasser	
1 TL Salz	mit dem Handrührgerät mit Knethaken zu einem glatten Teig verarbeiten, den Teig zu einer Kugel formen, in Folie einschlagen, im Kühlschrank etwa 1 Stunde ruhen lassen.
	Für den Belag
150 g durchwachsenen Speck	in 2 cm breite Streifen schneiden eine Gratin- oder Quicheform mit
Butterschmalz	ausfetten den Teig 2 mm dick ausrollen, die Form damit auslegen den Rand hoch andrücken
4 Eier	mit
400 ml Schlagsahne	verrühren, mit
Salz, Pfeffer	
Muskatnuß	würzen, auf den Teig geben, Speckstreifen darauf verteilen die Form auf dem Rost (unterste Schiene) in den Backofen schieben
Ober-/Unterhitze	200–220 °C (vorgeheizt)
Heißluft	180–200 °C (nicht vorgeheizt)
Gas	Stufe 4-5 (vorgeheizt)
Backzeit	etwa 30 Minuten, mit
Schnittlauchröllchen	bestreuen.

Ostpreußische Piroggen

	Für den Teig
250 g Weizenmehl (Type 550)	in eine Rührschüssel sieben
2–3 EL Wasser	
Salz	
125 g Butter	hinzufügen, zuerst mit den Knethaken des Handrührgerätes, dann mit den Händen rasch zu einem glatten Teig verarbeiten, den Teig in Folie wickeln, den Teig mehrere Stunden kalt stellen.
	Für die Füllung
100 g durchwachsenen Speck	
100 g Schinken	in kleine Würfel schneiden, mit
100 g verlesenen Korinthen	vermengen, den Teig auf einer gut bemehlten Arbeitsfläche zu einer Rolle formen, in 16 gleich große Scheiben schneiden, flachdrücken, jeweils 1 Eßlöffel der Füllung darauf geben, den Teig über der Füllung zu Halbkreisen zusammenlegen, die Ränder mit einer Gabel rundherum festdrücken, die Piroggen rund formen, mit der glatten Seite nach oben auf ein Backblech legen
1 Eigelb	mit
1 EL Milch	verschlagen, die Teigstücke damit bestreichen
Ober-/Unterhitze	180–200 °C (vorgeheizt)
Heißluft	150–180 °C (nicht vorgeheizt)
Gas	Stufe 3–4 (vorgeheizt)
Backzeit	etwa 30 Minuten.

Zwiebelkuchen vom Blech

Preiswert

	Für den Teig
400 g Weizenmehl (Type 550)	in eine Rührschüssel sieben, mit
1 Päckchen Trocken-Backhefe	sorgfältig vermischen
1 TL Zucker	
1 gestr. TL Salz	
4 EL Speiseöl	
250 ml (1/4 l) lauwarme Milch	hinzufügen, alles mit dem Handrührgerät mit Knethaken zuerst auf niedrigster, dann auf höchster Stufe in etwa 5 Minuten zu einem Teig verarbeiten, sollte er kleben, noch etwas Mehl hinzufügen (aber nicht zuviel, der Teig muß weich bleiben), den Teig an einem warmen Ort so lange gehen lassen, bis er sich sichtbar vergrößert hat.
	Für den Belag
1 1/2 kg Gemüsezwiebeln	abziehen, vierteln, in Scheiben schneiden
2 EL Butter	zerlassen, die Zwiebelscheiben darin andünsten, mit
Salz	
gemahlenem Pfeffer	
gemahlenem Rosmarin	würzen
1 TL Kümmelsamen	
1 abgezogene, zerdrückte Knoblauchzehe	unterrühren, die Masse 15–20 Minuten im offenen Topf dünsten lassen, bis alle Flüssigkeit verdampft ist, ab und zu durchrühren, erkalten lassen
350 g durchwachsenen Speck	in Würfel schneiden
200 g mittelalten Gouda	raspeln
3 Eier	
2 EL Crème fraîche	
	die vier Zutaten unter die Zwiebelmasse rühren, mit Salz, Pfeffer abschmecken, den gegangenen Teig nochmals gut durchkneten, ihn in der Größe einer Fettfangschale ausrollen, die Fettfangschale mit
Butter oder Margarine	ausfetten, den Teig hineingeben, an den Seiten hochdrücken, die Zwiebelmasse darauf verteilen den Teig nochmals an einem warmen Ort gehen lassen
Ober-/Unterhitze	200–220 °C (vorgeheizt)
Heißluft	180–200 °C (nicht vorgeheizt)
Gas	Stufe 3–4 (vorgeheizt)
Backzeit	etwa 40 Minuten.
Tip	Zu dem Zwiebelkuchen einen Federweißen servieren.

Spinat-Pinienkern-Torte

	Für den Teig
400 g Weizenmehl	in eine Rührschüssel sieben
1/2 TL Salz	
150 ml lauwarmes Wasser	
100 ml Speiseöl	
1 Ei	hinzugeben, die Zutaten mit dem Handrührgerät mit Knethaken in etwa 5 Minuten zu einem glatten Teig verkneten, Teig zugedeckt etwa 30 Minuten ruhen lassen.
	Für die Füllung
4 kleine Zwiebeln	abziehen, in Würfel schneiden
3 EL Speiseöl	erhitzen, die Zwiebelwürfel darin andünsten
1200 g Blattspinat, tiefgekühlt	
1/2 TL Salz, Pfeffer	zugeben, bei schwacher Hitze auftauen lassen, auf ein Sieb geben, gut abtropfen lassen
200 g Frischkäse	
75 g geriebenen Parmesan	unter die lauwarme Masse mischen, nochmals abschmecken
40 g Pinienkerne	in einer Pfanne ohne Fett rösten, unterheben, eine Springform (Durchmesser 26 cm) mit Öl einfetten, Teig in 5 Portionen teilen, eine Portion auf den Springformboden ausrollen, den Teig mit
Speiseöl	bepinseln, mit
100 g rohen Schinkenscheiben	belegen die 2. Portion etwas größer als den Boden ausrollen (etwa 2 cm), auf den Schinken legen, den überstehenden Rand an den Springformrand drücken, die Spinatfüllung auf den Teigboden geben, mit einem Eßlöffel 6 Vertiefungen in die Füllung hineindrücken, jeweils eins von
6 Eiern	in eine Vertiefung geben, mit
25 g geriebenem Parmesan	bestreuen, den Rest des Teigrandes auf die Füllung schlagen, die dritte Teigportion ausrollen, als Decke auf die Füllung legen, aus der vierten Portion eine Rolle formen, auf den Teigrand legen
1 Ei	verrühren, die Torte damit bestreichen, auf dem Rost in den Backofen schieben
Ober-/Unterhitze	etwa 180 °C (vorgeheizt)
Heißluft	etwa 160 °C (nicht vorgeheizt)
Gas	Stufe 3–4 (nicht vorgeheizt)
Backzeit	etwa 40 Minuten
	die 5. Portion Teig auf einen gefetteten Springformboden (Durchmesser 26 cm) ausrollen mit dem restlichen Ei bestreichen, mehrmals mit einer Gabel einstechen
Ober-/Unterhitze	etwa 180 °C (vorgeheizt)
Heißluft	etwa 160 °C (nicht vorgeheizt)
Gas	etwa Stufe 3 (vorgeheizt)
Backzeit	etwa 12 Minuten
	den Boden sofort heiß in 12 Stücke teilen, die Stücke auf die Torte legen, mit
gerösteten Pinienkernen	bestreuen.

Quiche mit Fenchel und Scampi

(Foto)

	Für den Teig
300 g Weizenmehl	in eine Rührschüssel sieben
1 EL Zucker	
1 Prise Salz	
200 g Butter	
1 Ei	hinzufügen, mit dem Handrührgerät mit Knethaken zu einem Teig verarbeiten, anschließend etwa 30 Minuten kalt stellen den Teig ausrollen und eine Tarteform (Durchmesser 28 cm) damit auskleiden, den Rand andrücken, den Boden mehrmals mit einer Gabel einstechen, von
600 g Fenchel	die Stiele dicht oberhalb der Knollen abschneiden, braune Stellen und Blätter entfernen, die Knollen waschen, in feine Streifen schneiden, in
20 g Butter	andünsten, mit
1 durchgepreßten Knoblauchzehe	
Salz, Pfeffer	würzen
3 EL Anislikör	hinzufügen, abkühlen lassen
300 g Frischkäse	mit
250 ml (1/4 l) Schlagsahne	
4 Eiern	
1 Prise geriebener Muskatnuß	verrühren, zu dem Fenchel geben, kurz durchrühren, die Masse auf den Teig in die Form geben
10 küchenfertige Scampi	unter fließendem kaltem Wasser abspülen, trockentupfen auf der Quiche verteilen, eindrücken
Ober-/Unterhitze	etwa 190 °C (vorgeheizt)
Heißluft	etwa 170 °C (nicht vorgeheizt)
Gas	etwa Stufe 4 (vorgeheizt)
Backzeit	35–30 Minuten.

Körnerragout in Blätterteig

70 g Grünkern	
60 g Weizen	
50 g Roggen	über Nacht mit
300 ml Wasser	bedeckt einweichen, mit
200 ml Pilz-Grundbrühe	aufkochen, im geschlossenen Topf bei kleiner Hitze 60 Minuten garen
300 g Champignons	
100 g Shiitake-Pilze	putzen, waschen, abtropfen lassen, in Scheiben schneiden
50 g Butter	erhitzen
1 Zwiebel	
2 Knoblauchzehen	abziehen, fein würfeln, in der Butter andünsten Pilze, Staudensellerie,
200 g Crème fraîche	dazugeben, mit
Salz	
Pfeffer	
1 EL Harissa-Paste	würzen
1/2 EL Weizenmehl	mit
20 g Butter	verkneten, damit die Pilze binden
4 Blätterteigpasteten	im vorgeheizten Backofen erwärmen, mit dem Ragout gefüllt servieren.

Gemüse-Quiche

Preiswert

	Für den Teig
200 g Weizenmehl	in eine Rührschüssel sieben
1 gestr. TL Salz **1 Ei** **100 g Butter**	hinzufügen, die Zutaten mit den Knethaken des Handrührgerätes zunächst kurz auf niedrigster, dann auf höchster Stufe gut durcharbeiten, anschließend auf der Arbeitsfläche zu einem glatten Teig verkneten
	den Teig 1–2 Stunden kalt stellen
2 Zucchini (250 g)	putzen, waschen, in Scheiben schneiden, in
kochendes Salzwasser	geben, einmal aufkochen lassen
100 g Erbsen, tiefgekühlt **300 g tiefgekühlten Brokkoli**	nacheinander jeweils 3 Minuten in dem Zucchiniwasser kochen lassen
	das Gemüse auf ein Sieb geben, mit kaltem Wasser übergießen, gut abtropfen lassen
4 Tomaten	kurze Zeit in kochendes Wasser geben (nicht kochen lassen), in kaltem Wasser abschrecken, enthäuten, die Stengelansätze herausschneiden, in dünne Scheiben schneiden, das Gemüse erkalten lassen, den Teig ausrollen, eine Form (Durchmesser etwa 28 cm) damit auslegen, den Rand 2–3 cm hochziehen, den Teigboden mehrmals mit einer Gabel einstechen
	die Form auf dem Rost in den Backofen schieben
Ober-/Unterhitze	etwa 220 °C (nicht vorgeheizt)
Heißluft	etwa 200 °C (nicht vorgeheizt)
Gas	etwa Stufe 4 (nicht vorgeheizt)
Backzeit	10–15 Minuten
	das Gemüse auf dem vorgebackenen Boden verteilen, in die Mitte die Erbsen geben, dann Zucchinischeiben als Kreis, dann Brokkoli und als äußersten Kreis Tomatenscheiben auf den Boden legen, das Gemüse mit
Pfeffer	bestreuen
200 g Gouda	in Würfel schneiden, über das Gemüse geben
1 Becher (150 g) Crème fraîche	mit
2 Eiern **1 TL scharfen Senf** **1 EL gehackten Kräutern**	verrühren, mit
Salz **geriebener Muskatnuß**	abschmecken, über das Gemüse gießen
	die Form auf dem Rost in den Backofen schieben
Ober-/Unterhitze	180–200 °C
Heißluft	150–180 °C
Gas	etwa Stufe 4
Backzeit	45 Minuten.

Spargel-Tarte

(Foto)

Für Gäste

250 g grünen Spargel	
250 g weißen Spargel	von oben nach unten schälen, darauf achten, daß die Schalen vollständig entfernt werden, den Spargel in 2 cm lange Stücke schneiden, in
Salzwasser	mit
1 TL Butter	
1 TL Zucker	bißfest garen, den weißen Spargel 6 Minuten, den grünen Spargel 4 Minuten garen
100 g gekochten Schinken	in Streifen schneiden
1 Packung (250 ml) Béchamel-Sauce	mit
200 g Doppelrahmfrischkäse	
2 Eiern	verrühren Schinkenstreifen,
100 g fein geriebenen Appenzeller	
Kerbelblättchen	unterrühren, mit
weißem Pfeffer	würzen
1 Packung (300 g) Blätterteig (tiefgekühlt)	auftauen lassen, eine Tarte-Form (Durchmesser 28 cm) mit Wasser ausspülen, den Blätterteig in der Größe der Form ausrollen, die Form mit dem Blätterteig auskleiden, überstehenden Teig abschneiden und auf den Boden drücken die Tarte-Form mit der Sauce füllen, die Spargelstückchen leicht hineindrücken, mit
Butterflöckchen	belegen, die Form in den Backofen schieben
Ober-/Unterhitze	200–220 °C (vorgeheizt)
Heißluft	180–200 °C (nicht vorgeheizt)
Gas	Stufe 4–5 (vorgeheizt)
Backzeit	etwa 30 Minuten.

Mini-Roquefort-Tartes

1 Packung (300 g) Blätterteig, (tiefgekühlt)	auftauen lassen, mit Wasser bestreichen, übereinanderlegen (nicht durchkneten), etwa 1/2 cm dick ausrollen Torteletteförmchen (10 cm Durchmesser) mit kaltem Wasser ausspülen, den Blätterteig in die Förmchen geben
150 g Roquefort	mit einer Gabel fein zerdrücken
1 Ei	
1 Becher (150 g) Crème fraîche	unter Rühren dazugeben die Käsemasse in die Förmchen verteilen, auf dem Rost in den Backofen schieben
Ober-/Unterhitze	etwa 220 °C (vorgeheizt)
Heißluft	etwa 200 °C (nicht vorgheizt)
Gas	Stufe 4–5 (vorgeheizt)
Backzeit	etwa 15 Minuten kurz abkühlen lassen.

Gemüsetorte mit Spargel und Brokkoli

Gut vorzubereiten

1 Packung (300 g) Blätterteig (tiefgekühlt)	nach Packungsvorschrift auftauen lassen, eine Springform (Durchmesser 26 cm) mit Wasser ausspülen, die Hälfte des Blätterteigs aufeinanderlegen, zu einer runden Platte mit 26 cm Durchmesser ausrollen, auf den Boden der Springform legen, evtl. überstehende Stücke abschneiden, auf den Boden legen, den Rest des Blätterteigs längs halbieren, den Rand damit auskleiden, evtl. übriggebliebene Stücke auf den Boden legen, den Boden mehrmals mit einer Gabel einstechen
300 g Spargel	von oben nach unten schälen, die unteren Enden knapp abschneiden, den Spargel waschen, die Spargelstangen in etwa 3 cm lange Stücke schneiden, von
300 g Brokkoli	die Blätter entfernen, den Brokkoli waschen, in Röschen teilen
2 kleine Frühlingszwiebeln	putzen, waschen, in Ringe schneiden
150 g kleine Zucchini	putzen, waschen, längs halbieren, in Scheiben schneiden, Brokkoli und Spargel in kochendem
Salzwasser	4 Minuten blanchieren, kalt abschrecken, abtropfen lassen
1/2 Bund Schnittlauch	abspülen, in feine Ringe schneiden, mit Brokkoli, Spargel, Frühlingszwiebel und Zucchini in eine Schüssel geben
2 Eier	mit 150 ml von
1 Päckchen (250 ml) Hollandaise (Fertigprodukt)	
125 ml (1/8 l) Schlagsahne	verquirlen
30 g geriebenen Greyèrzer-Käse	hinzufügen, über das Gemüse gießen, alles gut vermengen, mit
Salz	
gemahlenem Pfeffer	
geriebener Muskatnuß	würzen, das Gemüse mit der Eiermasse auf dem Blätterteigboden verteilen, goldgelb backen
Ober-/Unterhitze	etwa 180 °C (vorgeheizt)
Heißluft	etwa 160 °C (nicht vorgeheizt)
Gas	Stufe 3–4 (vorgeheizt)
Backzeit	40–50 Minuten
	die restliche Hollandaise nach Packungsanweisung erhitzen, die Gemüsetorte aus der Form lösen, zusammen mit der Hollandaise servieren.
Tip	Die Torte kann auch in Portionsförmchen zubereitet werden. Dazu 6 Förmchen mit einem Durchmesser von 10–12 cm verwenden.

Tomatentorte Isabelle

Preiswert

	Für den Teig
175 g Weizenmehl (Type 550)	mit
1 gestr. TL Backpulver	mischen, in eine Rührschüssel sieben, in die Mitte eine Vertiefung eindrücken
Salz	
1 EL Wasser	hineingeben
100 g kalte Butter	in Stücke schneiden, darauf geben, mit Mehl bedecken, von der Mitte aus alle Zutaten mit dem Handrührgerät mit Knethaken zu einem glatten Teig verkneten, sollte er kleben, ihn eine Zeitlang kalt stellen, den Teig auf dem Boden einer mit
Butter oder Margarine	ausgefetteten Springform (Durchmesser etwa 24 cm) ausrollen, am Rand 2 cm hochdrücken, den Boden mehrmals mit einer Gabel einstechen
Ober-/Unterhitze	200–220 °C (vorgeheizt)
Heißluft	180–200 °C (nicht vorgeheizt)
Gas	Stufe 4–5 (vorgeheizt)
Backzeit	12–15 Minuten.
	Für den Belag
500 g kleine Tomaten	kurze Zeit in kochendes Wasser legen (nicht kochen lassen), in kaltem Wasser abschrecken, enthäuten, halbieren, die Stengelansätze herausschneiden, Tomaten mit der Schnittfläche nach oben auf einen Teller legen, mit
Salz frisch gemahlenem Pfeffer Speisewürze	bestreuen, einige Zeit stehenlassen
200 g Maasdamer	raspeln oder in kleine Würfel schneiden, mit
2 Eiern 1 Becher (150 g) Crème fraîche	verrühren, mit
geriebener Muskatnuß 1/2 TL gerebeltem Oregano	abschmecken, den vorgebackenen Tortenboden mit
Semmelbröseln	bestreuen, die Tomatenhälften mit der Schnittfläche nach unten auf den Tortenboden legen, die Käsemasse gleichmäßig darauf verteilen
	die Springform auf dem Rost in den Backofen schieben
Ober-/Unterhitze	200–220 °C (vorgeheizt)
Heißluft	180–200 °C (nicht vorgeheizt)
Gas	Stufe 4–5 (vorgeheizt)
Backzeit	30–35 Minuten.
Tip	Zusätzlich können Sie 1 Eßlöffel gehacktes Basilikum unter die Käsemasse rühren.

Quiche Lorraine

(Foto)

Für den Teig

250 g Weizenmehl (Type 550) in eine Rührschüssel sieben, in die Mitte eine Vertiefung eindrücken
1 Eigelb
Salz
4 EL kaltes Wasser hineingeben, mit einem Teil des Mehls mit dem Handrührgerät mit Knethaken zu einer dicken Masse verarbeiten
125 g kalte Butter in Stücke schneiden, darauf geben, mit Mehl bedecken, alle Zutaten von der Mitte aus schnell zu einem glatten Teig verkneten, den Teig zu einer Platte (Durchmesser 26 cm) ausrollen, in eine gefettete Springform (Durchmesser 24 cm) legen, am Rand gut andrücken
Teigboden mehrmals mit einer Gabel einstechen, den Teig vorbacken
Ober-/Unterhitze 200–220 °C (vorgeheizt)
Heißluft 180–200 °C (nicht vorgeheizt)
Gas Stufe 4–5 (vorgeheizt)
Backzeit etwa 15 Minuten.

80 g Maasdamer in feine Scheiben schneiden
120 g durchwachsenen Speck würfeln, andünsten, mit dem Käse
125 ml (1/4 l) Schlagsahne
4 Eiern verrühren, die Masse mit
Salz
frisch gemahlenem Pfeffer
geriebener Muskatnuß würzen, auf dem vorgebackenen Boden verteilen
Ober-/Unterhitze 200–220 °C (vorgeheizt)
Heißluft 180–200 °C (nicht vorgeheizt)
Gas Stufe 4–5 (vorgeheizt)
Backzeit etwa 25 Minuten.

Fenchel-Zwiebel-Tarte

Für den Teig

230 g Weizenmehl in eine Rührschüssel sieben
80 g Maismehl
60 g Magerquark
1 Ei
150 g Butter
1 TL Salz hinzufügen, die Zutaten mit dem Handrührgerät mit Knethaken auf höchster Stufe in etwa 1 Minute verarbeiten, anschließend auf der bemehlten Arbeitsfläche zu einem geschmeidigen Teig verkneten, etwa 30 Minuten ruhen lassen.

Für die Füllung

5 Knoblauchzehen abziehen, fein zerdrücken
400 g Zwiebeln abziehen, in Scheiben schneiden, Knoblauch und Zwiebeln in
4 EL Speiseöl kräftig anbraten, mit
Salz

(Fortsetzung Seite 110)

Pfeffer	
gerebeltem Rosmarin	
gerebeltem Thymian	
2 EL Hefeflocken	würzen, abkühlen lassen
600 g Fenchel	putzen, waschen, halbieren, in Scheiben schneiden, den Fenchel in Salzwasser etwa 4 Minuten kochen, abtropfen lassen
	Teig dünn ausrollen, eine Tarteform (Durchmesser 26 cm) damit auskleiden, Zwiebeln darauf verteilen, anschließend Fenchel,
180 g Magerquark	
100 ml Milch	
2 Eier	
1 TL Fenchelsamen	
Salz	verrühren, gleichmäßig über die Tarte verteilen, auf der unteren Schiene in den Backofen schieben
Ober-/Unterhitze	etwa 200 °C (vorgeheizt)
Heißluft	etwa 170 °C (nicht vorgeheizt)
Gas	Stufe 3–4 (vorgeheizt)
Backzeit	35–40 Minuten.

Kohl-Quiche

Gut vorzubereiten

(Foto)

	Von
1 kleinen Kopf Weißkohl (etwa 500 g)	die äußeren Blätter enfernen, den Kohl vierteln, den Strunk herausschneiden, den Kohl waschen, fein hobeln, in
kochendes Salzwasser	geben, zum Kochen bringen, etwa 5 Minuten kochen, abtropfen lassen
500 g Spinat	verlesen, gründlich waschen, tropfnaß in einen Topf geben, erhitzen, bis die Blätter zusammenfallen, abtropfen lassen
2–3 Knoblauchzehen	abziehen, durchpressen
1 Bund glatte Petersilie	
6 Salbeiblätter	die Kräuter abspülen, trockentupfen, fein hacken
150 g Emmentaler	reiben
100 g Schafskäse	fein zerbröseln
4 Eier	mit
1 TL Salz	
frisch gemahlenem Pfeffer	verschlagen
	alle Zutaten miteinander vermengen, in eine flache gefettete Quiche-Form füllen, mit gefettetem Pergamentpapier abdecken
Ober-/Unterhitze	etwa 200 °C (vorgeheizt)
Heißluft	etwa 180 °C (nicht vorgeheizt)
Gas	etwa Stufe 3 (vorgeheizt)
Backzeit	etwa 30 Minuten
	etwa 10 Minuten vor Beendigung der Backzeit das Pergamentpapier entfernen.

Lachs-Quiche

(Foto)

Für Gäste

	Für den Teig
300 g Weizenmehl	in eine Rührschüssel sieben
1 EL Zucker	
1/2 TL Salz	
175 g Butter	
1 Eigelb	hinzugeben, mit dem Handrührgerät mit Knethaken einen Teig herstellen, den Teig etwa 30 Minuten kühl stellen.
	Für den Belag
3 Schalotten	abziehen, fein würfeln, in
30 g Butterschmalz	andünsten
500 g Sauerkraut	
125 ml (1/8 l) Weißwein	
1 Lorbeerblatt	hinzugeben, etwa 30 Minuten dünsten lassen, mit
Salz	
frisch gemahlenem Pfeffer	abschmecken, alles gut abtropfen lassen
200 g Räucherlachs	in Streifen schneiden
300 g Frischkäse mit Kräutern	mit
500 ml (1/2 l) Schlagsahne	
5 Eiern	
geriebener Muskatnuß	verschlagen, mit Salz, Pfeffer vermischen
	den Teig auf einem gefetteten Backblech ausrollen, Sauerkraut und Räucherlachs darauf verteilen, darauf die Eier-Sahne-Masse geben, an der offenen Seite des Backblechs einen mehrfach gefalteten Alustreifen legen, das Blech in den Backofen schieben
Ober-/Unterhitze	180–200 °C (vorgeheizt)
Heißluft	160–180 °C (nicht vorgeheizt)
Gas	Stufe 3–4 (vorgeheizt)
Backzeit	etwa 35 Minuten.

Würstchen im Teig

2 Packungen (600 g) Blätterteig, tiefgekühlt	bei Zimmertemperatur auftauen lassen, jede Teigplatte zu einem Rechteck (15 x 20 cm) ausrollen, dann so halbieren, daß Rechtecke von der Größe 15 x 10 cm entstehen
12 Würstchen (etwa 15 cm lang)	auf die Teigstücke verteilen, die Teigränder mit
Kondensmilch	bestreichen, die Würstchen in den Teig einwickeln, auf ein mit Wasser abgespültes Backblech legen, mit Kondensmilch bestreichen
Ober-/Unterhitze	200–220 °C (vorgeheizt)
Heißluft	180–200 °C (nicht vorgeheizt)
Gas	Stufe 4–5 (vorgeheizt)
Backzeit	etwa 30 Minuten.

Ratgeber

Pizza

Die einfachste Form der Pizza ist ein mit Tomatensauce bestrichener Hefeteigfladen. Aus dieser ursprünglichen Form haben sich viele weitere Varianten entwickelt. In erster Linie lassen sich Veränderungen bezüglich Pizzabelag (einfach - nur mit Tomaten und Gewürzen - oder mehrfach z. B. „Vier Jahreszeiten") vornehmen, doch auch bei der Wahl des Teiges (Hefe- oder Mürbeteig) und der Form (rund oder eckig) ist man nicht festgelegt. Der Käse ist die Krönung von fast jedem Belag: Es gibt ihm den sahnigen Charakter und schützt die darunter verborgenen Zutaten vor dem Austrocknen. Mozzarella ist der klassische Pizza-Käse. Er ist geschmacklich neutral und hat gute Schmelzeigenschaften. Nicht nur Mozzarella, sondern auch Hartkäse, wie z. B. Gouda, Parmesan oder Emmentaler eignen sich zum Überbacken.

Calzone

Den Hefeteig nach Rezept (Seite 60) zubereiten und an einem warmen Ort so lange gehen lassen, bis er sich sichtbar vergrößert hat, nochmals durchkneten und halbieren (ergibt 2 gefüllte Pizzen). Jede Teighälfte zu einer runden Platte ausrollen und auf ein gefettetes Backblech legen. Je nach Füllung die Zutaten kleinschneiden, dünsten und würzen. Die beiden Teigplatten zur Hälfte mit jeweils der halben Pizzafüllung bestreichen oder den rohen Zutaten belegen (Foto 1), dabei einen schmalen Rand freilassen. Die Ränder mit Eiweiß bestreichen, die andere Teighälfte über die Füllung klappen und die Teigränder fest zusammendrücken (Foto 2). Die Oberflächen mit Öl oder verquirltem Eigelb bestreichen. Die Pizzen nochmals an einem warmen Ort gehen lassen, bis sich der Teig sichtbar vergrößert hat. Calzoni im vorgeheizten Backofen 20–30 Minuten knusprig backen.

Pies

Die Pie, ursprünglich eine englische Pastete, die meist mit einer Teigkruste bedeckt oder in einer offenen Teigkruste gebacken wird, findet auch bei uns immer mehr Anklang. Üblicherweise verwendet man einen Blätter- oder Mürbeteig; sie können süß oder pikant gefüllt werden und sowohl warm als auch kalt gegessen werden. Die pikanten Kuchen (Quiche, Tarte) haben sich international weit verbreitet. Sie können diese herzhaften Kuchen in speziellen Formen, aber auch in einer einfachen Springform oder auf dem Blech backen.

Nach dem Rezept (Seite 74) die Zutaten für den Teig zu einem glatten Teig verarbeiten und zugedeckt oder als Kugel in Frischhaltefolie etwa 30 Minuten ruhen lassen. In der Zwischenzeit den Belag vorbereiten: Gemüse dünsten, Kräuter hacken, Schinken würfeln, Eier mit Sahne verrühren, anschließend alle Zutaten zu einer Masse verarbeiten (Foto 1).
Auf einer bemehlten Arbeitsfläche den Teig dünn ausrollen. Den Boden und Rand einer flachen, großen Pieform (30 cm Durchmesser) oder einer gefetteten Springform damit auskleiden. Die Füllung hineingeben, glattstreichen, evtl. mit Gewürzen, Nüssen oder Semmelbröseln bestreuen (Foto 2). Die Form auf dem Rost in den vorgeheizten Backofen schieben und 30–40 Minuten backen. Die Eiermasse darf nicht anfangen zu brodeln, dadurch bekommt sie häßliche Löcher. Die Form möglichst weit unten einschieben und evtl. mit Alufolie abgedeckt oder mit einem leeren Backblech vor der Oberhitze schützen.

Tip:

- Weiche Teige, die in Formen gebacken werden, rundherum an den Rändern hochstreichen, damit sie in der Mitte nicht zu sehr steigen und brechen (vor allem bei Kastenformen).

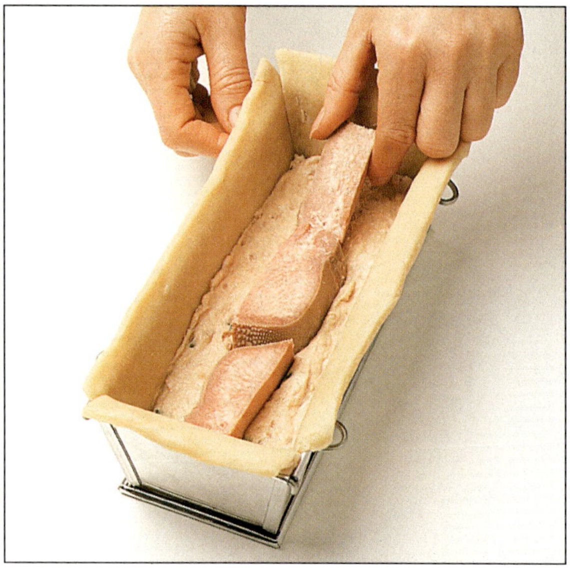

Pasteten

Pasteten, nicht nur äußerlich ein Genuß, können mit dem „Innenleben" Ihre Gäste immer aufs neue überraschen. Klassisch gefüllt mit einer Fleischfarce oder die vegetarische Variante mit Gemüse und Käse, erlaubt ist, was schmeckt. Die Pastete eignet sich hervorragend zum Vorbereiten, Sie können sie direkt nach dem Backen dampfend heiß servieren oder abgekühlt mit einer Sauce und Salat auf den Tisch bringen. Bei einer Pastete gehört die Verzierung der Oberfläche mit Ornamenten dazu.

Pastete in der Kastenform

Der Pastetenteig wird nach Rezept zubereitet und kalt gestellt. In der Zwischenzeit wird entsprechend nach Rezept die Füllung hergestellt.
Eine Kastenform von 30 x 11 cm ausfetten. Etwa $^{3}/_{4}$ des Teiges auf bemehlter Arbeitsfläche zu einem Rechteck von 50 x 30 cm etwa $^{1}/_{2}$ cm dick ausrollen. An den Ecken jeweils ein Quadrat von 11 cm einschneiden. Diese Teigplatte vorsichtig in die Form legen und an den Wänden leicht andrücken, ein etwa 2 cm breiter Teigrand muß überstehen (Foto 1).

Je nach Rezept wird die Pastete mit einer Fleisch- oder Fischfarce, gedünstetem Gemüse oder gekochten Kartoffelscheiben (evtl. verschiedene Schichten) gefüllt (Foto 2). Eine Farce gibt man am besten mit einem Spritzbeutel ohne Tülle ein, anschließend glattstreichen.

Die überstehenden Teigränder zur Mitte hin einschlagen. Den restlichen Teig dünn ausrollen, einen Deckel von 30 x 11 cm Größe ausschneiden, auflegen und andrücken (Foto 3). Öffnungen für den Dampfabzug ausstechen.
Aus den Teigresten Blättchen schneiden oder Orna-

mente ausstechen. Eiweiß verschlagen und damit die Verzierungen auf die Teigoberfläche kleben; auch mit einem Teigkneifer oder dem Messerrücken kann die Pastete beliebig garniert werden.
Aus doppelt gefalteter Alufolie 2 Röllchen formen und als „Kamin" in die Öffnungen stecken (Foto 4). Eigelb und Sahne verschlagen und die Teigoberfläche damit bestreichen.
Die Pastete auf dem Rost in den vorgeheizten Backofen schieben, etwa 15 Minuten bei 220 °C anbacken und weitere 35 Minuten bei 180 °C fertigbacken (siehe Rezept Seite 72).

Wird die Pastete kalt verzehrt, die Pastete nach dem Backen bei Zimertemperatur abkühlen lassen. Ein Gelee aus Brühe und Aspikpulver oder Gelatine kochen, abkühlen lassen, kurz vor dem Festwerden durch den Kamin in die erkaltete Pastete eingießen. Die Pastete wieder kalt stellen und das Gelee fest werden lassen.

Gerne werden auch Blätterteigpasteten serviert. Da Pasteten aus diesem Teig sehr zerbrechlich sind, wird er meistens für bereits vorgegarte Füllungen verwendet. Blätterteigpasteten kann man auch fertig beim Bäcker oder in der Konditorei kaufen. Sie haben den Vorteil, daß sie schnell zubereitet werden können, also besonders dann geeignet sind, wenn Gäste sich kurzfristig angemeldet haben.

Tips:

- Eine Pastete sollte spätestens einen Tag nach der Fertigstellung serviert werden, da sich der Teigmantel und die Füllung nicht sehr lange halten und der Teigmantel weich wird.
-Sie können rechteckige sowie ovale Pastetenformen einsetzen.

Inhaltsverzeichnis

Alphabetisches Register

Umwelthinweis	Dieses Buch und der Schutzumschlag wurden auf chlorfrei gebleichtem Papier gedruckt. Die Einschrumpffolie – zum Schutz vor Verschmutzung – ist aus umweltfreundlicher und recyclingfähiger PE-Folie.
	Falls Sie Fragen oder Anregungen zu unseren Büchern haben, rufen Sie uns an (0521/52 06 42) oder schreiben Sie uns: Ceres Verlag, Am Bach 11, 33602 Bielefeld. Wir antworten umgehend.
	Die Rezepte sind – wenn nicht anders angegeben – für 4 Personen berechnet.
Wir danken für die freundliche Unterstützung	Ketchum Public Relations, München
Copyright	© 1996 by Ceres Verlag Rudolf August Oetker KG, Bielefeld
Redaktion	Jasmin Gromzik
Titelfoto	Fotostudio Toelle, Bielefeld
Foodstyling	Ursula Stiller, Bielefeld
Innenfotos	Fotostudio Büttner, Bielefeld Thomas Diercks, Hamburg Christiane Pries, Borgholzhausen Michael Somoroff, Hamburg Fotostudio Toelle, Bielefeld Bernd Wohlgemuth, Hamburg
Satz	G. D. H. Haselhorst, Werther
Reproduktionen	Hirt & Carter, Cape Town, South Africa
Herstellung	Druckhaus Kaufmann, Lahr

ISBN 3-7670-354-6